Os passos do
DISCERNIMENTO

Amedeo Cencini

Os passos do DISCERNIMENTO

"... chamados a formar as consciências,
não a pretender substituí-las"

(*Amoris laetitia, 37*)

Paulinas

Dados Internacionais de Catalogação na Publicação (CIP)
Angélica Ilacqua - Bibliotecária - CRB-8/7057

Cencini, Amedeo
  Os passos do discernimento / Amedeo Cencini ; tradução de Paulo F. Valerio. - São Paulo : Paulinas, 2022.
  152 p. (Coleção Tendas)

Bibliografia
ISBN 978-65-5808-113-5
Título original: I passi del discernere

1. Discernimento (Teologia) 2. Vida cristã I. Título II. Valério, Paulo F. III. Série

22-0678   CDD 248.4

Índice para catálogo sistemático:
1. Discernimento (Teologia)

Título original da obra: *I passi del discernere*
Paoline Editoriale Libri
© Figlie di San Paolo, 2018 – Via Francesco Albani, 21 – 20149, Milano

1ª edição – 2022
1ª reimpressão – 2024

Direção-geral: *Flávia Reginatto*
Editora responsável: *Fabíola Medeiros de Araújo*
Tradução: *Paulo F. Valério*
Copidesque: *Ana Cecilia Mari*
Coordenação de revisão: *Marina Mendonça*
Revisão: *Sandra Sinzato*
Gerente de produção: *Felício Calegaro Neto*
Capa e diagramação: *Sandra Regina Santana*

Nenhuma parte desta obra poderá ser reproduzida ou transmitida por qualquer forma e/ou quaisquer meios (eletrônico ou mecânico, incluindo fotocópia e gravação) ou arquivada em qualquer sistema ou banco de dados sem permissão escrita da Editora. Direitos reservados.

Cadastre-se e receba nossas informações
paulinas.com.br
Telemarketing e SAC: 0800-7010081

Paulinas
Rua Dona Inácia Uchoa, 62
04110-020 – São Paulo – SP (Brasil)
📞 (11) 2125-3500
✉ editora@paulinas.com.br

© Pia Sociedade Filhas de São Paulo – São Paulo, 2022

Sumário

Prefácio 7

Introdução 15

I. Sensibilidade que discerne 19
  1. Evangelizar (a sensibilidade) para discernir 20
  2. Aquela isquemia do coração humano... 21
  3. A cada discernimento corresponde uma sensibilidade 23
  4. Em cada sensibilidade agem várias outras sensibilidades 28

II. Discernimento pessoal (e crise afetiva) 39
  1. Crise 39
  2. Crise afetiva 42
  3. "Dá-me um coração capaz de discernir" 43

III. Pedagogia do discernimento pessoal 49
  1. Sensibilidade psíquica: sinceridade e realismo 49
  2. Sensibilidade intrapsíquica:
    verdade e transparência interior 56
  3. Sensibilidade moral: a identidade como critério 61
  4. Sensibilidade relacional: Deus no centro da relação 63
  5. Sensibilidade espiritual: a luta com Deus 70
  6. Sensibilidade decisória: do desejo à escolha,
    da escolha humana à escolha cristã 73

IV. Discernimento pastoral (e crise conjugal) 87
1. Sensação de não escuta eclesial 87
2. Abuso de autoridade (de baixo) 89
3. *Amoris discretio* [discernimento do amor] 94

V. Pedagogia do discernimento pastoral 107
1. Sensibilidade pastoral:
"O Bom Pastor deixa as 99 ovelhas no aprisco e vai em busca da ovelha perdida" (Lc 15,4) 108
2. Sensibilidade relacional:
"Um samaritano... viu e moveu-se de compaixão" (Lc 10,33) 112
3. Sensibilidade empática:
"... fazendo-se semelhante ao ser humano" (Fl 2,7) 115
4. Sensibilidade atenta à dor:
"Minhas lágrimas recolhes no teu odre" (Sl 56,9) 119
5. Sensibilidade espiritual:
"Deus chamou o homem: '"Onde estás?"' (Gn 3,9)................126
6. Sensibilidade compassiva:
"Quando Jesus a viu chorar, comoveu-se interiormente... e teve lágrimas" (Jo 11,33-35) 132
7. Sensibilidade pedagógico-educativa:
"Discerni o que agrada ao Senhor" (Ef 5,10)......................137

Conclusão 147
O discernimento dos passos........................147

Prefácio

A palavra discernimento é usada em uma variedade de contextos, às vezes bastante distantes um do outro. Em geral, permanece um termo de significado pouco familiar, esquivo, até mesmo dificilmente compreensível. Pudemos perceber isso mais uma vez no percurso de preparação do recentíssimo sínodo dedicado ao tema "Os jovens, a fé, o vocacional" (outubro de 2018).

Na realidade, em vez de remontar a um saber arcano ou a competências técnicas sofisticadas, o discernimento refere-se a uma experiência fundamental que todas as mulheres e todos os homens, de todas as épocas, compartilham: estar à procura da maneira e dos critérios para decidir em que direção dar os próprios passos. Isso vale para situações humanamente extremas ou complexas, mas também em casos bem corriqueiros nos quais a incerteza deriva do fato de experimentar uma multiplicidade de impulsos, de sentir-se atraído a tomar diversas direções, sem conseguir compreender qual seja a certa. O coração é agitado por uma multiplicidade de desejos e de sentimentos conflitantes entre si, e não logra decidir qual voz deve seguir entre as muitas que falam à sua interioridade.

Estas situações, particularmente quando perduram no tempo, podem revelar-se bastante angustiantes, além de dissiparem grande quantidade de energias psíquicas, emotivas e espirituais. Fazer um discernimento significa enfrentá-las, "pegando o touro pelos chifres": assumir o risco de dar um passo, reagindo à paralisia, abrindo, desse modo, a estrada para a liberdade e para a esperança. Em vez de adiar a questão, esperando que as águas se acalmem por si mesmas, ou buscar uma solução heterônoma, voltando-se a uma "autoridade superior" qualquer (quer se trate de um "guru", cujas indicações deve seguir, quer de uma norma a que conformar-se extrinsecamente), ou convencer-se de que não se pode fazer outra coisa senão se render às fatalidades da vida, a via do discernimento atravessa o tumulto das paixões e utiliza as energias que elas desencadeiam para identificar uma possível rota e, acima de tudo, para percorrê-la, inclusive quando leva para terras ainda inexploradas. Paixões e emoções contêm forças preciosas que não devem ser dispersas ou extintas, sob pena de tornar árido o coração e enfraquecer as motivações, mas devem ser canalizadas e colocadas a serviço da construção do futuro da pessoa. Para realizar este empreendimento, o discernimento não procede baseando-se em um improviso temerário, que permaneceria inevitavelmente prisioneiro de um espontaneísmo autorreferencial, mas confia-se a um método e a alguns apoios insubstituíveis. A tradição espiritual identifica particularmente dois deles: o contato direto com o Senhor, através da oração, a meditação da Palavra e a vida sacramental, e o colóquio com um acompanhador competente com quem expressar em palavras o mundo interior e por quem deixar-se questionar.

A partir desta apresentação sumária, fica claro também que a prática espiritual do discernimento repousa sobre um

OS PASSOS DO DISCERNIMENTO

duplo ato de fé, sem o qual se esvazia imediatamente. Um primeiro elemento sobre o qual se apoia é a convicção de que o Espírito age na história e na vida de cada um, e que sua voz se faz ouvir no coração de cada um, mesmo no meio de milhares de outras vozes, cujos estrépitos tentam sufocá--la. Igualmente fundamental é a confiança, autenticamente teologal, de que cada pessoa, não importa em que situação se encontre e de que história provenha, mantém sempre a capacidade de escutar a voz do Espírito e uma inclinação "natural" para o bem, mesmo quando se equivoca ao identificá-lo. Trata-se de uma capacidade que dimana do fato de ser criatura de Deus: o pecado pode obscurecê-la, mas nunca eliminá-la. A essa luz, fica evidente como o discernimento representa uma autêntica prática de fé que não pode ser reduzida a uma técnica, talvez sofisticada, de *problem-solving* [resolução de problemas] ou de *decision-making* [tomada de decisão], ou a um percurso rumo a uma consciência e aceitação de si mais ou menos anestesiantes: de fato, obriga a pessoa a confrontar-se consigo mesma, com a realidade e com Deus, e, em seguida – mas principalmente –, a pôr-se em movimento para colocar em prática as decisões tomadas.

Portanto, podemos dispor os passos de um processo de discernimento, que devem ser diferenciados em termos de método, mesmo que, na prática, os limites entre as etapas tendam a desaparecer. Vamos indicá-las com a divisão que o Papa Francisco, autorizadamente, propõe no n. 51 de *Evangelii gaudium*.

O primeiro passo, *reconhecer*, exige da pessoa que discerne a coragem, a honestidade e a liberdade interior de dar um nome às variedades de "desejos, sentimentos, emoções"

(*Amoris laetitia*, 143) que os acontecimentos da vida e os encontros interpessoais produzem em sua interioridade, evitando julgá-los demasiado apressadamente de modo moralista. Muito mais importante, de fato, é conseguir tomar "gosto" por eles, a referência de consonância ou de ressonância entre o que se experimenta em determinada situação e a orientação profunda da própria existência. Não basta, porém, catalogar os motivos da alma: é mister passar a *interpretá-los*, identificando-lhes a origem e a direção para a qual impulsionam: abertura para o outro e para o futuro, até a doação de si, ou fechamento e retraimento em si mesmo e na própria gratificação? Esta segunda fase exige que a pessoa recorra a todas as próprias capacidades, inclusive intelectuais, consciente tanto das potencialidades quanto dos limites e condicionamentos inevitáveis (sociais, culturais, psicológicos etc.), e também que se confronte honestamente com as exigências da moral cristã, aproximada da luz da Palavra de Deus e da experiência do relacionamento pessoal com o Senhor. A ajuda de um acompanhador experiente se revela de importância crucial nesta fase. O discernimento pode, assim, alcançar seu objetivo, que não é apenas adquirir consciência da própria interioridade, mas usar essa consciência e a própria liberdade, posto que situadas e, portanto, limitadas, para *escolher* responsavelmente e, em seguida, agir a fim de conferir à decisão uma implementação concreta. Não é autêntico discernimento aquele que fica no plano das intenções, talvez veleidosas, e renuncia a passar à ação. Medir-se com a concretude da realidade suscitará ainda emoções e desejos que, mediante um novo processo de discernimento, confirmarão a bondade da decisão tomada ou sugerirão revê-la.

Este livro é justamente dedicado a acompanhar *os passos do discernimento*, e, nesta perspectiva, tem o mérito de enfrentar um duplo desafio. O primeiro é assumir a tarefa que o Papa Francisco propõe a toda a Igreja em *Amoris laetitia*, ou seja, formar as consciências sem pretender substituí-las. O discernimento é um instrumento para alcançar este intuito, colaborando para libertar a liberdade das pessoas a fim de torná-las sujeitos responsáveis pela própria existência. O segundo desafio é propor o recurso ao discernimento em situações que estatisticamente podemos considerar ordinárias, mas que nem por isso são menos desestabilizadoras cada vez que se apresentam: as crises afetivas que atingem tanto sacerdotes e religiosos quanto os casais unidos pelo matrimônio. Nestes casos, o vórtice das emoções, a alternância dos sentimentos e a confusão que daí deriva estão na potência máxima. Igualmente grande é o risco de decisões impulsivas, que raramente se revelam construtivas para as pessoas envolvidas. O discernimento é, sem dúvida, um instrumento para enfrentar tais situações, interpelando e promovendo, ao mesmo tempo, a maturidade humana e de fé daqueles que as estão vivendo.

É precisamente o recurso ao discernimento em condições particularmente complexas que permite destacar alguns requisitos cuja ausência ameaçaria fazer o processo desandar. O primeiro diz respeito à necessidade de educar a sensibilidade. Quanto mais delicada é a situação e quanto mais graves são as consequências de erros potenciais, tanto mais sutil deve ser o instrumento com o qual se colhem as vibrações do coração: se a escuta da interioridade "nega fogo", a etapa do reconhecimento fica comprometida e, consequentemente,

Amedeo Cencini

também os passos sucessivos. Escolher o bem e, principalmente, aquele bem que o Senhor propõe a cada um, não pode ser uma opção genérica ou sumária, nem tampouco um cálculo puramente intelectualista: exige – como lembra Paulo aos cristãos de Filipos – nutrir os mesmos sentimentos de Cristo. Para isso, é preciso "uma atenção específica aos componentes individuais da sensibilidade, dos sentidos externos aos internos, das sensações às emoções, dos sentimentos aos afetos, dos desejos aos gostos" (p. 20).

Uma segunda área de atenção diz respeito às capacidades e às qualidades daqueles que se tornam disponíveis para o serviço do acompanhamento, que sempre mais, e não somente em situações "extremas", revela-se indispensável. O documento final do recente Sínodo dos Bispos também o reafirma decididamente: "Muitos relevaram a carência de pessoas experientes e dedicadas ao acompanhamento" (n. 9); em seguida, insiste na importância da preparação adequada dos acompanhadores (n. 101-103), que não pode limitar-se ao plano da aprendizagem de noções, mas deve ser compreendida em uma perspectiva integral, "onde os aspectos espirituais estejam bem integrados com os humanos e sociais" (n. 99). O ícone bíblico a que o documento recorre para descrever o perfil deste papel é sugestivo: "Como o diácono Filipe, o acompanhador é chamado a obedecer ao apelo do Espírito, saindo e abandonando o recinto das muralhas de Jerusalém, figura da comunidade cristã, para se dirigir a um lugar deserto e inóspito, talvez perigoso, precisando de correr para alcançar um carro. Tendo-o alcançado, deve encontrar o modo de relacionar-se com o viajante estrangeiro para fazer suscitar nele uma pergunta que, espontaneamente, talvez nunca tivesse formulado (cf. At 8,26-40). Em síntese, acompanhar exige colocar-se à disposição tanto do Espírito do Senhor como de quem é acompanhado, com todas as suas qualidades e capacidades, e depois ter a coragem de humildemente se afastar" (n. 101).

Precisamente nesta linha, Amadeo Cencini reafirma que o serviço do acompanhamento exige de quem o realiza colocar-se em jogo pessoalmente: "Somente quem aprendeu a viver em estado de discernimento e a fazer um discernimento correto a respeito de si mesmo pode acompanhar o caminho de outros na busca do que é bom, agradável a Deus e perfeito" (p. 39). Desse modo, é explicitada a relação inseparável entre discernimento pessoal e discernimento pastoral: os pastores "chamados a acompanhar quem se encontra em dificuldade" são chamados, por sua vez, "a formar em si mesmos aquela sensibilidade típica que permite escolher o que é agradável a Deus" (p. 96). Quem quer que tenha nem que seja um mínimo de prática do discernimento sabe quanto isto é fundamental. Por outro lado, provavelmente é justamente esta necessidade de "arriscar-se", de enfrentar o próprio mundo afetivo e interior, antes de enfrentar o mundo do outro, que cria na Igreja tantas resistências diante do discernimento. Mas se não se tenta, não é possível dar-se conta de que justamente este caminho, no qual inclusive quem acompanha corre o risco de "perder-se", é aquele para encontrar a alegria que o Evangelho promete, como no episódio de Filipe, a quem consegue encontrar o Senhor e a quem tem o privilégio de acompanhar tal pessoa nesse encontro.

Apenas por estes motivos, o livro que o leitor tem em mãos merece ser lido – mas, acima de tudo, vivido – com atenção. Desejo sublinhar também outra razão, muito forte, mas talvez menos explicitada no texto. As situações examinadas enfrentam passagens de crise "vocacional" na vida tanto de pastores quanto de casais ligados pelo matrimônio ou, em todo caso, em situações "irregulares": o livro permite, portanto, vê-los em paralelo. Em ambos os casos, é grande o risco de uma abordagem demasiado rígida, que absolutiza as normas ou os princípios – "é pecado ou não é pecado?" –, mas de modo "a colocar em segundo plano a singularidade absoluta da situação e a realidade mais humana e existencial da pessoa" (p. 88). Nos dois casos, exige-se a coragem da autenticidade para chegar a chamar as coisas com o nome próprio, até mesmo quando as palavras para esse fim se revelam incômodas, maçantes ou fatigosas: é o caminho da verdade que nos torna livres. Por fim, ambas as situações exigem serem olhadas com misericórdia, assumindo, quanto possível, o olhar que o Senhor lhes dirigiria e os sentimentos que ele nutriria a respeito. Este é o caminho que o Papa Francisco está propondo à Igreja, e a respeito do qual o livro nos oferece estímulos preciosos e instrumentos experimentados. Peçamos ao Espírito o dom e a liberdade de empreendê-lo, como fiéis, individualmente, e como comunidade eclesial, de modo a ajudar todos os homens e mulheres a encontrar a pérola preciosa: a alegria do Evangelho.

Giacomo Costa, sj

Diretor responsável pelas atualizações sociais
Secretário especial da XV Assembleia Geral
Ordinária dos Bispos: "Os jovens, a fé,
o discernimento vocacional" (outubro de 2018).

INTRODUÇÃO

> A peregrinação mais cansativa é a que leva o homem
> da periferia ao centro do próprio coração.
> A mais longa é a que conduz à casa defronte.
> A mais séria é a que leva ao encontro com Deus.
>
> (Dom Tonino Bello)

Este livro é a sequência natural de *Desde a aurora eu te busco. Evangelizar a sensibilidade para aprender a discernir,*[1] mas se situa igualmente em continuidade com outra análise contida em *Perdemos os sentidos? Em busca da sensibilidade crente.*[2] Neste segundo livro, o primeiro da série, eu havia analisado o fenômeno, bastante estranho e inédito, e talvez por isso, pouco examinado, do desnorteamento dos sentidos, do qual continuamos, em todo caso, a estar alegremente inconscientes ou muito pouco preocupados com ele. Aliás, mais precisamente, são os nossos sentidos obesos, superalimentados por uma porção de comida-lixo e em perigoso delírio de onipotência, que estão desnorteando sua vocação originária, a de consentir que estabeleçamos um relacionamento com o que é verdadeiro, belo e bom.

---

[1] Cf. A. Cencini, *Dall'aurora io ti cerco. Evangelizzare la sensibilità per imparare a discernere,* Cinisello Balsamo, San Paolo, 2018.

[2] Id., *Abbiamo perso i sensi? Alla ricerca della sensibilità credente,* Cinisello Balsamo, San Paolo, 2012.

E, quando os sentidos perdem sua identidade, nós mesmos corremos o risco de "perder os sentidos". Com danos enormes para nossa sensibilidade, inclusive para a sensibilidade crente.

No outro texto, *Desde a aurora te busco,* tentei passar para um discurso propositivo, apresentando uma pedagogia de formação da sensibilidade (da qual os sentidos representam o primeiro elemento constitutivo) e colocando em relação tal pedagogia com a possiblidade e a capacidade de discernir.

Com o presente texto, gostaria de continuar a oferecer tal proposta, passando mais à parte prática, e mostrar alguns exemplos concretos de processos de decisão a respeito de si, no próprio caminho de vida e a serviço de outros, especialmente de quem se encontra em situações particularmente "críticas". A partir de dois pressupostos bastante previsíveis, mas que é útil reforçar. Antes de mais nada, só pode ajudar outros a discernir quem assumiu o discernimento como *modalidade pessoal normal de crescimento* na maturidade humana e espiritual. Em segundo lugar, a qualidade do discernimento vem do caminho de *evangelização da própria sensibilidade.*

Destes pressupostos deriva também o estilo da proposta de reflexão deste livro. Não falarei do discernimento do ponto de vista de seus conteúdos e de suas regras, como em geral se tende a fazer, e justamente. Coloco-me em outra perspectiva, um pouco preliminar à abordagem clássica: a de considerar, antes de mais nada, a disposição interior do sujeito que discerne, aquela disposição que emerge justamente da sensibilidade, ou dos vários tipos de sensibilidade, com que enfrenta o discernimento. Destarte, por exemplo, especialmente nos capítulos 4 e 5, onde trato do problema dos casais irregulares, não enfrentarei tal questão, nem o discernimento a ser feito nela sob um plano doutrinal ou da teologia moral, mas sob o plano daquele tipo de disposição interior, ou de sensibilidade, que é indispensável para tratar adequadamente um problema tão complicado. E que qualquer padre ou pastor, ou agente pastoral deveria ter, a fim de discernir e ajudar a discernir convenientemente. Como nos ensina, substancialmente, *Amoris laetitia*. É claro que os dois planos não são totalmente separáveis, como não é a teoria da prática, mas este é um motivo a mais para dedicar certa atenção àquele mundo interior que é nossa sensibilidade, que, de fato – por natureza –, orienta e predispõe os nossos discernimentos. Mesmo quando disso não nos damos conta.

Efetivamente, mostraremos duas situações diferentes de discernimento e em ambientes vitais distintos, cada um com os próprios tipos de sensibilidade em ação (caps. 3 e 5). Mas partindo, antes de mais nada, de uma pedagogia geral elementar (cap. 1) e, em seguida, de algumas indicações pedagógicas mais específicas para os dois âmbitos de nossa análise que, de qualquer maneira, oferecem-nos critérios operacionais (caps. 2 e 4).

I
SENSIBILIDADE QUE DISCERNE

Partamos do dado fundamental que nos foi dado pela reflexão precedente sob o plano psicológico: a *centralidade da sensibilidade no processo de discernimento*. Um dado que se coaduna muito bem com a natureza do discernimento, entendido como *aquele exercício hermenêutico que nos permite buscar e encontrar, descobrir e dar um sentido aos acontecimentos díspares e fragmentários de nossa existência*.[1] Se se trata de efetuar uma operação tão trabalhosa e criativa ("hermenêutica" em sentido pleno), é evidente o vínculo entre discernimento e sensibilidade daquele que discerne. Ou podemos dizer acertadamente que cada um discerne de acordo com a própria sensibilidade.

Aliás, poder-se-ia acrescentar, a fim de especificar, que a sensibilidade é que discerne, e que é, portanto, o *sujeito* do discernimento; e é ainda a sensibilidade o seu *objeto*, uma vez que, qualquer que seja seu conteúdo (ou resultado final), a decisão tomada determinará uma orientação da sensibilidade naquela mesma direção. Por conseguinte, é a sensibilidade *que escolhe*, e é ainda a sensibilidade *que é escolhida*. Se devo escolher a atitude a ser assumida em relação a determinada pessoa um pouco difícil e que me

---

[1] Cf. G. Piccolo, Scendi nel cuore. Riconoscere emozioni, sentimenti e desideri, *Vocazioni*, 4 (2018), p. 20-21.

é antipática, minha sensibilidade é que vai ler a situação, perceber antipatia e talvez (pretender) justificar uma eventual opção de natureza autorreferencial, que rejeita o outro ou que não leva suficientemente em conta nem seus limites nem sua dignidade. A essa altura, a escolha assim orientada terá como consequência uma confirmação e a consolidação daquela autorreferencialidade: a prática repetida e subjetivamente justificada de determinada atitude só pode tornar sempre mais forte e enraizada aquela mesma predisposição. Seja em âmbito relacional, seja quando se trata de escolhas que dizem respeito ao indivíduo e a seus valores: assim é que se reforçam (ou, ao contrário, se enfraquecem) convicções ou escolhas feitas no passado.

1. Evangelizar (a sensibilidade) para discernir

Neste sentido, a sensibilidade é algo precioso em que se deve investir, mas que também deve ser purificada em um trabalho formativo atento. E foi exatamente tal interpretação, em ótica pedagógica, a que propusemos no estudo anterior, dedicado justamente a esse assunto, à evangelização da sensibilidade como condição para aprender a arte do discernimento. Tal evangelização comporta uma atenção específica aos componentes individuais da sensibilidade, dos sentidos externos aos internos, das sensações às emoções, dos sentimentos aos afetos, dos desejos aos gostos... Manter bem fixo o objetivo final: ter em nós os mesmos sentimentos ou sensibilidade de Cristo, como Paulo recorda aos cristãos da Igreja de Filipos e, portanto, a todos os que creem em Cristo. O cristianismo não é estetismo nem voluntarismo; não deve ser compreendido como cuidado do comportamento exterior ou do cansaço da mente, mas é ato global que implica a totalidade do ser, da profundidade do inconsciente à linguagem do corpo, em um conjunto ou em um quadro coerente e linear, que exprime paixão e intensidade de vida, orientadas com precisão.

Intervir na sensibilidade significa, portanto, efetuar aquela mudança que a tradição ascética cristã chama com o nome de "conversão", e que jamais pode ser verdadeira se não comporta um trabalho radical naquele rico e complexo mundo interior que é, precisamente, a sensibilidade. Trabalho *ante litteram*, prévio, radical, justamente porque se coloca na raiz de toda expressão do ser, humana e espiritual, psicológica e teológica. O discernimento, com a hermenêutica e a decisão que daí resultam, é uma destas expressões. Tanto mais autêntico e veraz quanto mais fruto de uma sensibilidade convertida-evangelizada.

2. Aquela isquemia do coração humano...

Ao mesmo tempo, a realidade diz-nos que o processo decisório está longe de ser infalível, e nem sempre dá à luz a decisão mais correta e verdadeira; diz-se, ainda, que, às vezes, nem sequer chega a uma escolha verdadeira e própria, e ainda mais raramente, abre para uma decisão "para sempre". Como se o discernimento... se fechasse antes, ou se se tornasse infecundo e estéril, desprovido de força, e ato puramente mental e veleidoso, quiçá linear em sua evolução, mas incapaz, além disso, de criar algo novo ou corajoso, talvez uma escolha de vida ou uma mudança de estilo de vida. Seja o discernimento pessoal, seja o que ajudamos outros a fazerem, pastoral ou de outro tipo.

Quem de nós já não experimentou, antes de mais nada, a respeito de si, a correção teórica de determinada abordagem mental e também evangélica de qualquer problema pessoal, mas, então, sem a força de traduzir na prática a evidência da descoberta intelectual? Talvez seja este inclusive o sentido da contradição irresoluta, pelo menos na aparência, que Paulo percebe dentro de si: "Não faço o bem que quero, mas faço o mal que não quero" (Rm 7,19). Ou, quantas vezes, na experiência da relação de ajuda, o que, a certa altura parecia claro não somente ao acompanhador, mas também à pessoa acompanhada, não foi absolutamente objeto de uma decisão correspondente.

Aqui está o sentido desta segunda reflexão sobre o tema da sensibilidade em conexão com o discernimento e cada um de seus passos.

Gostaríamos de compreender pelo menos alguns aspectos dessa incongruência, mesmo sabendo que ela pertence ao mistério do ser humano e daquela dialética ontológica que o assinala desde o início de sua vida, como isquemia subjacente no seu coração. Consequentemente, estamos também convencidos de que tal incongruência deve ser buscada dentro do processo ou em sua modalidade pedagógica.

Daí o objetivo que nos propomos: descrever as etapas e o caminho do discernimento para que alcance sua meta, bem como para que quem discerne tenha a força de tomar uma decisão coerente com a própria identidade e verdade, a fim de compreender um pouco mais seu mistério.

3. A cada discernimento corresponde uma sensibilidade

Antes de continuar nosso discurso, mais algumas observações no plano puramente psicológico.

O que dissemos até aqui não se aplica somente ao discernimento em geral, como um princípio abstrato, mas deve ser, em seguida, verificado e implementado no discernimento específico que está sendo levando adiante. Não existe, digamos, uma sensibilidade como dado geral, como índice constante que determina de modo igualmente invariável a abordagem que o sujeito faz das diversas realidades e situações da vida em relação às quais deve tomar posição e decidir-se.

Conforme dissemos no texto anterior, existem vários tipos de sensibilidade em cada ser humano (relacional, espiritual, estética, intelectual, crente, penitencial, moral...). Cada uma destas entra em jogo e é, pelo menos implicitamente, evocada-ativada quando o sujeito deve tomar uma decisão na área respeitante a ela. Por exemplo, discernir a respeito da própria vocação (mas também da de outrem) significa ter amadurecido certa sensibilidade *vocacional* que nasce da necessidade de dar sentido à própria existência e do desejo de escutar o Eternamente Chamador; saber discernir em momentos de crise quer dizer ter crescido em uma sensibilidade *crente* exata, que habilita a perceber Deus e o que lhe agrada, inclusive nas criticidades pessoais; ou, ainda, saber discernir como pastores significa ter uma sensibilidade completamente extraordinária, *pastoral*, ou aquele cheiro das ovelhas de que fala o Papa Francisco, e que, além de ser muito mais refinado do que se poderia pensar, exprime uma capacidade única de... farejar o verdadeiro bem das ovelhas, de conhecê-las uma a uma e de dar-se conta se falta alguma delas.

Poderíamos sintetizar o princípio pedagógico assim: *a cada discernimento corresponde uma sensibilidade particular* que, portanto, *será o verdadeiro agente intrapsíquico que discerne.* Em formulação negativa: não pode haver nenhum discernimento que não toque a sensibilidade do indivíduo e que não implique sua sensibilidade singular. Por conseguinte, é fundamental reconhecer e identificar aquela sensibilidade exata que deve gerir o discernimento e a respeito da qual deve ser feito o próprio discernimento.

Não parecerá uma grande descoberta para alguns, mas nos ajuda a pôr em ordem nosso arrazoado e a sublinhar alguns aspectos do problema que talvez não sejam completamente evidentes. Vejamos melhor.

3.1. O verdadeiro problema (frequentemente ignorado)

Inicialmente falávamos daquela sensibilidade particular com a qual enfrentamos as situações de crise de vida. Se é uma crise *afetiva* na vida de um consagrado na virgindade (mas, por si, é algo que pode acontecer também na vida de uma pessoa casada), provavelmente ele será levado a pensar que esteja em questão o próprio mundo interior e o próprio modo de viver a sua afetividade, talvez inclusive a sexualidade. Se ele considera que o problema está ali, orientar-se-á interiormente[2] para enfrentá-lo com instrumentos, recursos,

---

[2] Lembremos que definimos a sensibilidade como orientação interior que atrai em determinada direção (A. Cencini, *Dall'aurora io ti cerco. Evangelizzare la sensibilità per imparare a discernere,* Cinisello Balsamo, San Paolo, 2018, p. 24ss).

OS PASSOS DO DISCERNIMENTO

critérios e metodologia correspondentes, porventura como uma tentação mais ou menos diabólica a ser simplesmente superada,[3] ou como objeto de um discernimento que deverá decidir o que fazer com este enamoramento, e que, em teoria, poderia inclusive determinar uma mudança de vida, uma escolha diferente. De fato, quem sabe quantos (ex)sacerdotes enfrentaram a crise afetiva dessa maneira, como novidade de um amor repentino, que entrou prepotentemente em suas vidas, portanto, como um fato exclusivamente afetivo-sexual, gerenciado pela sensibilidade afetivo-sexual correspondente e, talvez, tão agradável e surpreendente, a ponto de induzi-los, em seguida, a fazer escolhas consequentes (que, em todo caso, amiúde não resolveram o verdadeiro conflito, com uma sequela de desilusões muito amargas).

Contudo, não é previsível que seja necessariamente assim. O problema poderia ser em outra área, ou referir-se também, ou acima de tudo, a outro tipo de sensibilidade, por exemplo, àquela relativa *ao sentido do eu e à autoestima*, a que todo ser humano é, de modo particular, justamente atento e sensível. Se a pessoa em crise não resolveu de modo suficiente o problema da autoestima, colhendo-a naquilo que é e que é chamado a ser (como sua origem divina e sua vocação particular), portanto, em algo que é estável e seguro como rocha e que nenhum infortúnio ou insucesso jamais poderá retirar dele, é claro que terá necessidade de que tal estima lhe venha de fora, dos outros, do ser acolhido, do ser amado, principalmente... Ou seja, se a estima não vem de dentro, deve forçosamente vir de fora (sem

---

[3] A ascética do passado impelia nessa direção.

autoestima não se vive; deve vir de algum lugar, mesmo que seja apenas ilusória!). E justamente este equívoco tornará o indivíduo vulnerável. Vulnerável (= extremamente sensível) ao menor sinal de atenção em relação a si, portanto, dependente de quem lhe dará a sensação de ser considerado e valorizado, querido e considerado amável; será suficiente qualquer pessoa lhe lançar olhares lânguidos para sentir-se envolvido emocionalmente (até o ponto de ser ele a projetar nos outros os próprios sentimentos e sensações, com ilusões e desilusões em série...).[4] O enamoramento será vivido como um encanto extraordinário, justamente porque parecerá garantir ao sujeito, de uma só vez, uma dupla gratificação: da necessidade de afeto e da necessidade de estima. Paga um e leva dois para casa![5]

Mas é exatamente a respeito dessa sensibilidade *desequilibrada-descontrolada* que o sujeito deverá ser ajudado a refletir para compreender onde está seu verdadeiro problema (que talvez não seja afetivo e vocacional), a fim de tentar compreender aonde tal sensibilidade descontrolada poderia

---

[4] Por isso, se, de um lado, o enamoramento é um acontecimento normal, em uma vida e em uma pessoa normal, e é surpreendente que alguém jamais se enamore, ao mesmo tempo, desperta pelo menos alguma suspeita aquele que passa de uma paixão a outra.

[5] Evidentemente tal tipo de crise, como dizíamos, com esse tipo de leitura, pode acontecer também na vida de alguém que é casado: se este não reencontra a autoestima na própria identidade e dignidade radicais e em sua vocação conjugal (que se exprime no amor por uma mulher), encontrar-se-á na mesma situação de vulnerabilidade descrita anteriormente, que o tornará excessivamente sensível a qualquer sinal de afeto e de atenção para com ele, na ilusão de que um amor ou uma mulher, ou uma relação nova e talvez mais atraente lhe resolverão o problema.

levá-lo, para interrogar-se se este (ou seja, o fato de esperar de fora afeto e consideração) seja o modo melhor e mais realista de enfrentar seu verdadeiro conflito interior (o da autoestima) e resolvê-lo, a fim de perceber que não tem o direito de usar ninguém para curar as próprias feridas e reequilibrar os próprios desequilíbrios, para compreender que, talvez, o verdadeiro discernimento a ser feito é aquele relativo ao senso da própria identidade e da autoestima. E mudaria radicalmente, então, a maneira de tratar o evento do enamoramento, de discernir a respeito dele e de decidir.

Poder-se-ia dizer que muitos discernimentos, a este respeito, foram administrados pelo agente errado, ou pela sensibilidade não pertinente.

3.2. Já orientados (mas sem o saber)

Ademais, outro aspecto de forma alguma banal: enfrentar explicitamente um discernimento e saber que deve, em todo caso, tomar uma decisão não significa, por si, estar conscientes de que estamos enfrentando aquele discernimento particular com uma predisposição interior específica que *já nos orienta em determinada direção*. O mesmo exemplo, citado há pouco, mostra-nos, de modo evidente, que muitas vezes nos consideramos livres e acima de qualquer condicionamento ou pressão; na realidade, já estamos direcionados e atraídos para algum lugar, devido a um problema que ignoramos (no exemplo do parágrafo precedente, a autoestima).

Na medida em que não estamos conscientes disso, aquela orientação nos condiciona ainda mais, inclusive de maneira árdua, criando em nós exigências e dependências. Se, então, não estamos conscientes nem sequer do fato de que estamos diante de uma escolha, e agimos (ou "deixa-mo-nos levar", porque nos parece mais simples ou porque a pressão impulsiva é forte[6]), então perdemos uma ocasião e uma oportunidade de crescimento naquela sensibilidade particular implicada pelo discernimento em curso, e corremos o risco de que aquela mesma sensibilidade regrida ou se deixe atrair, seja como for, sempre mais de modo apenas impulsivo e contrário aos valores escolhidos.

É óbvio que simplesmente saber que está em jogo determinada sensibilidade não resolve os problemas, nem converte imediatamente a sensibilidade mesma, mas mantém desperta a atenção sobre ela, faz-nos dar uma importância específica à operação de discernimento que estamos fazendo, permite-nos evitar toda atitude banal e superficial, e, em todo caso, é o primeiro passo para que nosso mundo interior (e as escolhas que daí resultam) seja sempre mais conforme com os sentimentos de Cristo (e com nossa identidade).

4. Em cada sensibilidade agem várias outras sensibilidades

Outra observação importante com consequências pedagógicas. A sensibilidade que amadurecemos nos vários

---

[6] A experiência terapêutica diz que, muitas vezes, o enamoramento tem um tipo de poder quase hipnótico sobre o celibatário pelo Reino, mesmo que não seja juveníssimo, quando rejeita todo tipo de confronto (tanto mais se de tipo espiritual), todo convite a não fazer uma escolha precipitada, a não se deixar dominar pela idealização do fruto proibido, a ver o problema de modo realista, a considerar com responsabilidade a posição da outra, talvez já ligada por vínculo precedente ou a um jovem...

âmbitos da vida, da relacional à moral, da crente à intelectual, não é uma realidade simples ou que nasce do nada, enquanto tal, sem nenhuma "contaminação" por parte de outras sensibilidades, mas está inevitavelmente ligada a outros aspectos do nosso mundo interior; é uma realidade mista ou composta, para a qual confluem, por essa razão, também diversas sensibilidades.

Se, portanto, é verdadeiro que cada discernimento corresponde uma sensibilidade, digamos agora que *cada sensibilidade supõe outras que, interagindo juntas, dão-lhe uma fisionomia específica*. Conseguintemente, deveríamos dizer mais precisamente que cada discernimento implica e coloca em ação não uma, mas *várias* sensibilidades. Por exemplo, aquele discernimento dramático (no sentido de escolha absolutamente pessoal) que culmina na decisão de acreditar (ou na fé), como todos deveríamos ter experimentado, não se resolve em um nível único, não solicita simplesmente uma adesão mental a um pacote de verdades reveladas, nem se limita a um assentimento qualquer, mais ou menos determinado por uma pertença convencional, tradicional ou devocional. Não é "fé cega"! Ao contrário, a fé tem olhos e sentidos bem abertos, mantém-nos ativos e envolvidos como nunca,[7] é fruto de uma ação conjunta de todas as forças e recursos da pessoa humana, dos sentimentos aos desejos, do afeto à paixão. É ato completamente humano e,

---

[7] Basta pensar em quanto diz João no prólogo da Primeira Carta: "... O que ouvimos, o que vimos com os nossos olhos, o que contemplamos e o que as nossas mãos apalparam da Palavra da Vida" (1Jo 1,1); ou na vontade de Tomé (a que Jesus não se opõe) de colocar o dedo na chaga de Jesus e tocar seu lado.

no entanto, aberto ao Transcendente, portanto, complexo, que não se decide em um instante, mas se estende por toda a vida.[8] E que, portanto, envolve a sensibilidade e não uma única sensibilidade. Ao contrário, a fé é essa própria sensibilidade, sensibilidade crente, por sua vez ponto de chegada de várias outras sensibilidades e processo sempre em via de realização.

4.1. Sensibilidades pedagógico-propedêuticas

Vejamos – para sermos concretos – algumas dessas sensibilidades que conduzem à maturidade (e à sensibilidade) da fé ou à capacidade de tomar decisões em força dela. A sensibilidade do *peregrino*, por exemplo, que a cada instante se pergunta: "Deus, onde estás..., o que estás a dar-me... ou a pedir-me..., onde te escondeste..., como estás presente nesta situação, nesta dor, nesta obscuridade...?", até saber reconhecer-lhe a presença no "murmúrio de uma leve brisa". Ou a sensibilidade *intelectual* daquele que busca a verdade com a própria mente e o próprio coração, e escruta, e interroga a realidade, não se contenta com respostas pré-fabricadas ou que provenham de fora, nem tem a pretensão de compreender tudo imediatamente, mas é suficientemente inteligente para saber acolher a ideia de mistério na vida e deter-se diante dele, e de tal maneira humilde a ponto de deixar-se, aos poucos, iluminar por aquele misterioso excesso de luz que é Deus. E ainda, para crescer na fé,

---

[8] E isso, mesmo quando a iluminação parece instantânea e repentina, resolvendo, como por encanto, todas as dúvidas e as perplexidades da pessoa. Nesse momento, também, reparando bem, houve certo caminho, posto que oculto e discreto.

são fundamentais a sensibilidade *à Palavra* (ou sensibilidade *bíblica*), de quem aprendeu a escutá-la todo dia, inclusive quando é difícil compreender e, ainda mais, viver; ou a sensibilidade *relacional* de quem aprendeu a dialogar com a realidade e com os outros, a sentir-se interpelado pela vida e pela morte, pela dor e pela dúvida...; ou a sensibilidade *amorosa* de quem descobriu que o maior ato de amor é deixar-se amar por um amor que ultrapassa a vida, e a mais alta expressão de liberdade é a confiança...

Cada uma dessas sensibilidades está ligada naturalmente à mais ampla sensibilidade crente, diz algo a respeito dela, desvela-lhe inclusive aspectos muito significativos que a tornam mais compreensível e pedagogicamente acessível; por isso, cada sensibilidade que acabamos de ver está aberta à fé e a ela conduz, como degraus de uma escada ou afluentes de um rio. A fé será sensibilidade crente tanto mais forte e tenaz quanto mais essas sensibilidades (e outras ainda) tiverem sido cuidadas, e o sejam continuamente.[9] Poderíamos chamá-las de *sensibilidades pedagógicas ou propedêuticas*, visto que preparam e dispõem – cada uma a partir de um ponto de vista particular – coração e mente, sentidos e sentimentos para decidir confiar-se ao Eterno.

Consequentemente, se se quer fazer nascer ou crescer a fé, já na qualidade dessa opção crente, ou favorecer a capacidade de fazer escolhas como crente, será indispensável *intervir em todas aquelas sensibilidades que a promovem e robustecem*. Se uma delas for negligenciada ou até mesmo

---

[9] Evidentemente, no que diz respeito à fé, pode haver outras além daquelas que indicamos com intenção apenas exemplificativa.

deixar que vá em sentido contrário, todo o processo de discernimento e a decisão final serão afetados.[10]

4.2. Atenções pedagógicas

Tudo o que acabamos de ver constitui um princípio pedagógico geral que podemos aplicar a todo tipo de discernimento ou de opção de vida. E que, mais concretamente, remete a atenções pedagógicas ulteriores e mais específicas.

a) Identificar

Antes de mais nada, trata-se de *identificar* aquelas várias sensibilidades que, juntas, contribuem para a formação de certa sensibilidade na qual se quer crescer, em uma área qualquer da vida, capaz de chegar a um discernimento. Aquelas várias sensibilidades, com efeito, são *propedêuticas* e funcionais para aquela outra, ou poderemos considerá-las como *periféricas* em relação àquela central, ou *menores* relativamente à maior, ou ainda como objetivos *intermediários*, levando-se em conta o objetivo final, ou como as diversas *partes* em comparação com o todo. Colocadas ao longo de uma circunferência, tendem para o centro como os raios de uma roda. No caso exemplificado anteriormente (a

---

[10] Isso leva a pensar também na facilidade/banalidade com que muitos assim chamados não crentes hoje consideram que são assim, simplesmente, porque não teriam recebido o "dom" da fé, como se a responsabilidade fosse de Deus, que teria feito preferências e exclusões. É certo que a fé é graça que vem do alto, mas os dons de Deus chegam ao destino somente quando o destinatário ativa a própria disponibilidade receptiva e colabora responsavelmente com eles e com o Doador de todo dom, colocando em movimento, por exemplo, a própria sensibilidade.

sensibilidade crente), são *pedagogia* (ou fatores dinâmico-
-pedagógicos) em vista de uma teologia (o ato estático da
adesão a conteúdos dogmáticos). Mas justamente por isso
são importantes, como *conditio sine qua non* para alcançar o
objetivo final.

É, portanto, indispensável identificá-las e reconhecê-
-las precisamente, compreender e fazer compreender a relação específica que cada uma delas pode dar para o conse-
guimento do objetivo (o discernimento), ou – com outras
palavras – é necessário desfazer aquela sensibilidade central que se quer obter em seus elementos constitutivos, que
são, justamente, as várias sensibilidades que a compõem
e que lhe estão subjacentes. Quanto mais preciso e com-
pleto for esse trabalho de identificação, mais será possível
saber como formar uma sensibilidade capaz de discernir de
modo autêntico em um setor existencial específico.

B) Ativar

Mas, certamente não é suficiente dar um nome preciso
a essas várias sensibilidades, limitando-se a uma abordagem apenas intelectual e teórica. É preciso intervir nelas,
uma por uma, como em recursos preciosos, mas que devem
ser explicitamente ativados. Eis o segundo princípio pedagógico: *ativar essas várias sensibilidades pedagógico-propedêu-*
ticas, torná-las concretamente operantes, chamar a atenção explícita do sujeito para cada uma delas, e não somente
para o objetivo final que quer alcançar. Objetivo que, na
verdade, corre o risco de ser inacessível e jamais logrado
quando não há esse trabalho preparatório e operativo em
diversos níveis.

Sempre no plano tipicamente pedagógico, essa poderia ser justamente a função específica de quem acompanha. De fato, habitualmente, esse trabalho em diversos níveis não chega espontaneamente ao indivíduo, ou poderia parecer não tão necessário, nem tão evidente a conexão entre essas sensibilidades parciais-periféricas e aquela central-essencial. A tarefa do guia, portanto, é evidenciar tudo isso e, principalmente, provocar o indivíduo rumo a uma atenção pessoal global para o problema que quer enfrentar e – ainda mais concretamente – solicitá-lo a exercitar-se nas diversas sensibilidades propedêuticas, se quiser realmente adquirir aquela sensibilidade mais central e decisiva.

Por conseguinte, é tanto mais sábio aquele educador que, além de chamar a atenção do jovem, programa uma pedagogia de intervenção que visa a diversos níveis e com operações diferenciadas (ligadas às diversas sensibilidades) para mudar coração e mente em determinada direção e amadurecer uma nova sensibilidade, a ponto de ter a força de tomar uma decisão correspondente.

Quando isso não acontece, corre-se o perigo de tornar inútil e inconclusivo todo o caminho de acompanhamento.

Como aconteceu, por exemplo, no campo da animação vocacional: quantos discernimentos vocacionais, de fato, faliram miseravelmente devido à precipitação inicial do assim chamado guia, que – preocupado exageradamente com o êxito final (e, no fundo, muito frequentemente, com o próprio sucesso pessoal) – pretendeu visar imediatamente ao objetivo esperado, à decisão vocacional enquanto tal, sem se preocupar em criar primeiramente uma verdadeira sensibilidade vocacional, ou sem a sapiente paciência de

Os passos do discernimento

passar pelas várias etapas e componentes de tal sensibilidade (da sensibilidade crente à relacional; da sensibilidade espiritual de quem busca a Deus à de quem se responsabiliza pelo outro e por sua salvação!). A atração vocacional nasce forte e autêntica somente de um trabalho feito em cada sensibilidade, a fim de que todas convirjam na mesma direção, do "sentir" aquela escolha como bela e verdadeira para si. Se isso não acontece, obtém-se o resultado contrário: em vez da atração, uma não atração ou indiferença; em vez do nascimento de uma opção preferencial a respeito da própria vida, um tipo de *aborto vocacional*.[11] A excessiva pretensão do resultado (amiúde compreendido, nesse caso, de modo redutivo) sutilmente induziu o assim chamado guia rumo a certo tipo de orientação um tanto fechada (sacerdotal ou religiosa), omitindo, de fato, todas as fases intermediárias do itinerário decisório com as várias sensibilidades a ele correlativas. Com a consequência, infelizmente, de deter repetidamente, desse modo, inclusive qualquer processo de opção genuinamente vocacional, em sentido verdadeiramente crente e cristão, aberto para *qualquer* tipo de vocação.[12]

E é óbvio: se o indivíduo não é provocado a colocar em função as próprias sensibilidades, muito dificilmente

---

[11] Exatamente nesses termos já se exprimia o sempre atual documento conclusivo do Congresso Europeu Vocacional (*Nuove vocazioni per una nuova Europa*, Roma 1998, 35a).

[12] Melhor assim, poder-se-ia dizer, porque de intervenções assim inábeis poderiam nascer somente discernimentos igualmente impróprios e escolhas vocacionais inautênticas, mesmo se por acaso fossem de "consagração especial".

poderá descobrir a própria identidade e o próprio chamado, qualquer que seja. Digamos: há um nexo natural entre sensibilidade e vocação, ou entre a ativação das diversas sensibilidades e a possibilidade de descobrir a própria vocação. Se não existe tal atenção, não temos nenhum direito de lamentar-nos da crise vocacional.

c) Integrar

Por fim, trata-se de integrar as diversas sensibilidades ativadas, impedindo que uma ignore a outra e o objetivo final para o qual são orientadas.

Nesse sentido, então, trata-se, acima de tudo, de *fazer dialogar* entre si as diversas sensibilidades ativadas, à luz do objetivo final para o qual tendem. Se, portanto, um jovem está sendo acompanhado em um caminho de fé, rumo à opção crente, é justamente a presença de Deus, sua ação, misteriosa e oculta, que funciona como elemento conectivo entre as diversas sensibilidades, e que deveria animar o próprio jovem (o peregrino, como dissemos anteriormente) a buscá-lo em cada nível e de maneiras diversas, direta ou indiretamente: na oração pessoal e na comunitária; na liturgia e na Palavra de cada dia; na relação com os outros, especialmente no pobre e no estrangeiro, no fraco e no pecador; no mistério do sofrimento dos inocentes, mas também no enigma da morte; nos próprios limites e pobreza, tanto na esperança quanto no desespero, até no murmúrio de uma leve brisa... Em todas estas situações (nas quais funcionam sensibilidades diferentes), está em via de realização sempre o mesmo fenômeno divino-humano: Deus que busca o homem e se lhe revela de diversos modos,

Os passos do discernimento

sendo ele o primeiro a provocar e ativar as diversas sensibilidades humanas, cada uma chamada a responder, a seu modo, ao apelo divino.

É claro que o compromisso voluntário, em qualquer dessas áreas ou sensibilidades, ajuda e provoca, inspira e motiva a decisão e a ação em outra área, e vai reforçar outra sensibilidade. Cria-se, assim, um jogo de equipe que não pode deixar de favorecer a sensibilidade crente, nesse caso, e a decisão final de acreditar. Seria menos provável e menos convincente, além de menos estável, uma fé que nascesse apenas a partir de uma sensibilidade orante, posto que piedosa e devota, em um tipo que talvez ignora o rosto do irmão ou do pobre como lugar misterioso da presença divina: a fé desse seria fraca e pobre, uma vez que construída *somente* sobre a sensibilidade orante, que não entra em diálogo com a sensibilidade relacional substancialmente ausente. Com efeito, o Deus Pai, revelado por Jesus, não habita somente, nem tampouco preferencialmente, no Templo!

A tarefa do guia, portanto, é não somente ativar as sensibilidades, mas colocá-las em diálogo a fim de que afluam rumo ao mesmo objetivo: responder à ação de Deus que busca o homem com aquela resposta que é a fé; explicar que a fé será tanto mais forte quanto mais for expressão de diversas sensibilidades; fazer compreender que uma sensibilidade tem necessidade da outra e nasce da outra, ilumina-a e é iluminada por ela, provoca-a e é provocada por ela, em uma relação de reciprocidade que só pode fazer crescer a opção crente do sujeito e a força de discernir como alguém que acredita. Em uma vida e em uma personalidade sempre mais integrada em torno da sensibilidade crente.

II | Discernimento pessoal (e crise afetiva)

Nas páginas anteriores, vimos o aspecto teórico, por assim dizer, do discernimento. Agora procuremos ver outra vertente, a mais prática e existencial. Mediante alguns exemplos ou casos concretos: o primeiro diz respeito à pessoa chamada a discernir sobre si em um momento em que o discernimento é tudo, menos simples e desprovido de consequências, como é o momento de uma crise afetiva; o segundo, ao contrário, refere-se à situação pastoral de quem é chamado a ajudar os outros a fazer um discernimento mais complexo e articulado, como é o caso de um casal irregular.

Visa-se à sucessão dos dois tipos de discernimento e responde-se ao critério segundo o qual, somente quem aprendeu a viver em estado de discernimento e a fazer um discernimento correto a respeito de si mesmo, pode acompanhar o caminho de outros na busca do que é bom, agradável a Deus e perfeito.

1. Crise

O termo "crise", neste momento e na economia de nossa reflexão, é muito significativo. Sua raiz, como bem o sabemos, remete justamente ao nosso tema central: o verbo grego *krino*,[1]

---

[1] Κρίνω.

de fato, significa separo, distingo, avalio, julgo, dedico, calculo, discirno. No uso comum, a expressão assumiu uma acepção negativa, que faz pensar em uma situação problemática e difícil de administrar. Se, pelo contrário, refletirmos sobre a etimologia da palavra "crise", esta muda seu significado e assume uma nuança positiva: um momento de crise, efetivamente, pode tornar-se momento de reflexão, avaliação, discernimento; pode transformar-se no pressuposto necessário para um melhoramento, para um renascimento, para um reflorescimento próximo e possível. Pode tornar-se a hora de Deus!

Crise, mais precisamente, é *a consciência sofrida de uma não correspondência específica entre o que a pessoa é (= eu atual) e o que deveria ser (= eu ideal), diferença que exige que se tome uma decisão.* Por conseguinte, são três os elementos essenciais de uma crise:

– *Consciência sofrida*, não, portanto, uma constatação qualquer, mas uma tomada de consciência dolorosa, assim sendo porque se falhou em algo importante, em um ideal ou em uma relação.

– *... de uma não correspondência específica*, não de uma sensação simples e vaga de algo que não está bem, mas a identificação o mais acurada possível de uma incoerência entre ideal pessoal e vivência pessoal.

– *... em vista de uma decisão*, não um estado perene de suspensão que deixa as coisas tal como estão, mas a consciência de dever fazer uma escolha, de não poder permanecer em determinado acomodamento, em um modo de espera infinito, servindo-se do estado de crise como álibi para não decidir.

Como se pode ver bem, a partir dessas simples ênfases, a crise é um modo de ser que tem sua complexidade, exige

OS PASSOS DO DISCERNIMENTO

certa atenção a si mesmo e sinceridade de olhar; confere dinamismo à vida e está na origem das mudanças ou das conversões; é componente normal de um caminho de formação permanente. E ainda que seja um modo de definir a atitude de quem está enfrentando certo problema ("fulano está em crise"), como se fosse um dado incontroverso e evidente para todos, de fato, há muitos modos de viver e de não viver as crises. Há, por exemplo, quem *jamais está em crise*, enquanto deveria estar (e far-lhe-ia muito bem!),[2] como há quem está *sempre em crise*, mas nunca pelo motivo justo e muitas vezes porque falta à sua crise a força de tomar uma decisão. Há ainda quem jamais quer enfrentar a crise, *congelando*-a, embora sentindo certo desconforto, e adiando – para não se sabe quando – os problemas que deveria resolver, ou até que explodam ou ... o gelo derreta-se e provoque desastres. Mas há também quem brinque com a crise, como se não se desse conta da contradição de certo estilo de vida, ou que só a perceba quando *já não há nada a fazer* e ele está impotente. A crise é considerada acontecimento *fatal*, de consequências inevitáveis, por quem da crise mesma passa logo às vias de fato, como o celibatário pelo Reino, que se apaixona e conclui que aquilo é sinal inequívoco de que é chamado para outro caminho. Contudo, quantos são os que vivem crises *inúteis*, sem jamais aprenderem nada com elas, repetindo impávidos e teimosos os mesmos erros?!

---

[2]　Normalmente, para cada um desses imperturbáveis que jamais estão em crise, há sempre outra pessoa, que vive com eles, que está em crise contra a sua vontade...

Em todo caso, em cada uma dessas várias tipologias, a crise é, por assim dizer, padecida, não há uma gestão inteligente e iluminada, da qual provenha uma decisão pensada e bem motivada. Em uma palavra, não há discernimento.

2. Crise afetiva

Se a crise, em geral, é o que indicamos antes, crise afetiva, na vida do celibatário consagrado, é a consciência sofrida de um conflito particular entre o amor de Deus que o celibatário colocou no centro da própria vida e um amor humano que gostaria de inserir-se naquele espaço central, conflito que pede uma decisão a ser tomada e que, em todo caso, será sofrida.

Mas é crise afetiva inclusive quando a (presumida) centralidade do amor de Deus não é confirmada no estilo e nos modos do amor humano, que o celibatário deveria manifestar em toda relação; ou quando ambos os amores, o amor para com Deus e o amor para com as criaturas, são fracos e o eletrocardiograma é uniforme, quase horizontal, e aparentemente a pessoa está tranquila (até demais!), enamorada como está de sua mediocridade; ou quando a escolha de dedicar-se às coisas de Deus se torna um álibi para não dar-se conta das necessidades do irmão;[3] ou quando até mesmo o papel institucional é interpretado como poder que consente (ab) usar (d)o outro para a própria gratificação afetivo-sexual... E as exemplificações ou as tipologias, inclusive aqui,

---

[3] Veja-se a parábola do bom samaritano e do sacerdote e do levita, de maneira nenhuma são bons, que seguem adiante perante o pobrezinho agredido pelos malfeitores.

Os passos do discernimento

poderiam continuar. A crise afetiva, enfim, não é somente a crise clássica do enamorado (do padre apaixonado).

3. "Dá-me um coração capaz de discernir"[4]

Apliquemos, então, tudo que vimos anteriormente,[5] a estas situações que dizem respeito à vida de cada pessoa, que todos, mais ou menos, já experimentamos, ainda que agora nos coloquemos principalmente na perspectiva de quem é consagrado no celibato para o Reino.

3.1. Sentidos atentos e sensibilidade vigilante

A primeira indicação refere-se ao estado geral de vigilância da pessoa e à consequente capacidade de perguntar-se a cada instante, teoricamente: o que está acontecendo? Por que estou experimentando determinada sensação? O que está dizendo tal emoção? De onde vem esse sentimento? Por que aquela pessoa me atrai, ao passo que não suporto aquela outra? De onde vem essa pouca vontade de fazer as coisas, essa depressão que me faz melancólico e faz-me ver tudo acinzentado? Foi proporcional minha reação irritada àquela observação crítica que me foi feita por um superior ou pelo sacristão? Por que aquela pitada de desgosto quando ouvi que meu antigo companheiro de seminário, que não val(e)ia grande coisa, foi nomeado bispo, enquanto eu ainda estou aqui a fatigar-me com as encrencas de uma paróquia? Ou o que quer dizer

---

[4] É, substancialmente, o pedido do rei Salomão no início de seu reino (literalmente: "Um coração capaz de escutar", 1Rs 3,9).

[5] Cf. cap. 1, parágrafo 4.2 ("Atenções pedagógicas").

aquele prurido interior, igualmente aborrecido, que sinto em mim quando as pessoas vêm cantar-me os louvores à homilia de Padre Júlio (que as obtém da internet)? Por que não consigo realmente esquecer aquela falta de atenção em relação a mim (por acaso tenho algo a esconder)? Por que me concedo sempre mais coisas a que antigamente decidira renunciar? O que aconteceu em minha vida que já não sinto tanta atração pela oração? Talvez haja alguma... conexão entre o tempo perdido navegando na internet, e o fato de que minha vida... navegue na mediocridade, ou que meu anúncio seja sempre repetitivo, sem um fiapo de entusiasmo, ou que esteja a tornar-me sempre mais rabugento e negativo nas críticas, velho e insuportável...? E o cacho de perguntas poderia continuar.

As primeiras normas pedagógicas do discernimento são muito simples, até mesmo elementares: *a atenção a si mesmo e a coragem de interrogar-se.* De um lado, exigem paciência e constância; de outro, concedem a possibilidade de perceber o que está acontecendo na própria vida para não perder a liberdade de vivê-la em plenitude. Para isso, não é preciso ser desapiedado consigo mesmo ou arriscar tornar-se obsessivo; basta ser realista e, em todo caso, não se contentar de fazer-se perguntas ou ter dúvidas somente quando o vencimento da vida é evidente e, talvez, transgressivo, mas aprender a estar atento àquele "prurido" ou àquela "pitada de desgosto interior" aparentemente inócuos.[6]

---

[6] Normalmente, então, quem aprende no plano psicológico essa atenção aos assim chamados pequenos sinais de certo desconforto interior (como aquele prurido ou aquela pitada), torna-se capaz – no plano espiritual – de perceber a presença de Deus no "murmúrio de uma leve brisa", não somente no fogo, na tempestade, no vento... (e vice-versa).

Os passos do discernimento

O que surpreende nos casos vistos anteriormente é como a pessoa possa chegar àqueles pontos (um estilo relacional não propriamente típico do virgem, a perda de todo impulso afetivo, o viver vendo apenas os próprios interesses, até o abuso do outro...) sem colocar-se em crise. Por quê? Evidentemente porque a pessoa não aprendeu a viver em estado de discernimento. E, assim, perdeu progressivamente os contatos com o seu eu profundo, ou perdeu os sentidos e a possiblidade de ver, sentir, tocar... o que estava acontecendo na própria história, e com eles, também aquela sensibilidade que permite perceber e depois sofrer a degradação da própria vida.

É claro que, a certa altura, ou seja, uma vez que o indivíduo chegou a certo tipo de sensibilidade, é necessário uma ajuda específica, uma intervenção exterior, às vezes até mesmo do tipo profissional e especialista (psicoterapia e afins), mas não haveria nenhuma necessidade de recorrer a tudo isso se ele tivesse aprendido a arte e a fadiga, humilde e inteligente, de estar atento a si mesmo, em tempo real, sem esperar o exame de consciência da noite (que será banal e superficial) ou o momento da confissão (esta também repetitiva e sem dor). Com outras palavras, na esfera também psicológica, a aprendizagem do discernimento como estilo normal de vida mantém atentos os sentidos e mantém viva a sensibilidade; faz ser verdadeiro consigo mesmo e livre para aprender, para deixar-se colocar em crise pela realidade[7], impede aqueles processos de sofrimento psicológico e de envelhecimento espiritual onde tudo é banal e

---

[7] Seria a *docibilitas*.

nada aquece o coração, e a pessoa – a essa altura incapaz de sofrer e de gozar – sai em busca, justamente por isso, de situações excitantes (não importa se ela excede as normas). Nesse sentido, o discernimento não serve somente para administrar as crises, mas é o que *coloca em crise* a pessoa. Se, portanto, é a sensibilidade que aciona o dinamismo do discernimento, é verdade igualmente o contrário: é o discernimento que provoca a sensibilidade e a confronta, tem-na desperta e solicita a crescer; no final, julga-a. À luz daquele amor que um dia atraiu o coração, a fim de que continue a deixar-se atrair.

O discernimento é amigo fiel, e como um autêntico amigo, tem a coragem da verdade. E tem necessidade de muita verdade quem chega a encontrar-se em uma crise afetiva.

3.2. Ativar as sensibilidades

A indicação que acabamos de propor é, na realidade, bastante genérica, refere-se a todos os tipos de discernimento, é como uma premissa válida em cada caso, qualquer que seja a crise que a pessoa esteja vivendo ou poderia viver salutarmente. Tanto mais é necessária essa predisposição quando a pessoa está atravessando uma *crise afetiva*. Uma predisposição para agir segundo a verdade dentro de si.

Aliás, então não somente as perguntas se tornam mais específicas, como veremos, mas também a atenção vai e deve ir a diversas áreas da personalidade. Quando, de fato, a crise é desse gênero, a tendência (ou a tentação) é a de pensar em uma problemática de natureza exclusivamente afetiva, no máximo, afetivo-sexual. Na realidade, não é assim, seja porque a afetividade-sexualidade se coloca, por sua natureza, no centro da geografia intrapsíquica humana e, portanto, está ligada imediatamente com as outras áreas da personalidade (e, por conseguinte, com outros impulsos, energias, necessidades...),[8] seja porque a afetividade-sexualidade possui a característica da *plasticidade*, razão pela qual – concretamente – pode funcionar como caixa de ressonância de problemas nascidos alhures, ou pode, ela mesma, esconder-se sob falsas vestes, ou seja, determinar problemas em outras áreas. No primeiro caso, então, encontrar-nos-emos diante de problemas na área afetivo-sexual, mas que não nasceram naquela área (por exemplo, a masturbação como reação à percepção de um fracasso na área relacional); no segundo – ao contrário –, o mal-estar será em uma área qualquer, mas sua raiz deverá ser buscada justamente naquela afetivo-sexual (por exemplo, o fechamento à relação com o outro ou o medo diante dele, até mesmo em relação a Deus, ligado a uma violência sexual sofrida). É suficiente para compreender como também o discernimento nos casos de crise afetiva só pode ser complexo, jamais dado como previsível, nem deve ser interpretado de maneira superficial ("se você ama uma mulher, quer dizer que você é normal, não se preocupe"), ou com apelos moralistas ("trata-se apenas de uma tentação; resista, seja fiel..."), ou minimalismos comportamentais ingênuos ("o importante é que você saiba controlar-se..."), ou recomendações

---

[8] Exatamente por isso, o ato sexual revela-se altamente gratificante: justamente porque gratifica não somente o impulso genital, mas também outras necessidades.

apenas espirituais ("você deve rezar mais..."), ou deduções simplistas ("se você está apaixonado, quer dizer que deve casar-se..."), ou interpretações que desresponsabilizam ("a culpa não é sua, mas deste mundo tentador ou de quem quer seduzi-lo..."), ou banalidades pseudoasseguradoras ("acontece com todos, mas você verá que, com o tempo, o coração se ajeita sozinho..."), ou conselhos completamente desimportantes ("é uma questão hormonal; procure desafogar-se de algum modo, com exercício físico, com algum passatempo, ou jogue-se mais no trabalho, um diabo afugenta o outro..."), e assim, talvez, fuja de nós também o esgotamento nervoso.[9]

Minha proposta é a de levar em conta muito seriamente essa complexidade totalmente natural, prestando atenção às diversas sensibilidades envolvidas e implicadas em um acontecimento de enamoramento. No fundo, agindo assim, estamos aplicando o senso pedagógico da intuição da plasticidade da sexualidade à raiz freudiana.

É o que veremos nas próximas páginas.

---

[9] Todas são exemplificações de casos reais, de coisas que efetivamente são ditas e recomendadas a pessoas que vivem a crise afetiva, da parte de conselheiros ou de guias que provavelmente têm algum problema com a própria afetividade-sexualidade, ou que jamais enfrentaram uma crise em tal campo...

III PEDAGOGIA DO DISCERNIMENTO PESSOAL

No capítulo anterior, indicamos alguns princípios pedagógicos que poderiam ajudar a gerenciar em geral a crise afetiva. Agora continuamos com a parte pedagógica, buscando traduzir aqueles princípios em um caminho concreto, ou nos passos do discernimento. Em todo caso, à luz daquela verdade que é o ponto de referência ou o querigma de cada percurso educativo-formativo crente rumo à capacidade decisória: "Jesus Cristo ama-te, deu sua vida para te salvar, e agora está vivo contigo todos os dias para iluminar, fortalecer, libertar".[1]

E a partir da indicação conclusiva do capítulo precedente, que recomendava indicar, ativar e integrar as várias sensibilidades. Vejamos quais e como.

1. Sensibilidade psíquica: sinceridade e realismo

Antes de mais nada se trata de ativar a sensibilidade *psíquica*, aquela que nasce de uma atenção imediata a nós mesmos e àquilo que estamos experimentando. Habitualmente, é uma sensibilidade consciente, ou é, em todo caso, próxima ao consciente, e deve ser ativada em duas direções.

---

[1] *Evangelii gaudium*, 264.

1.1. *Coragem de reconhecer os sentimentos*

O sujeito deveria, em primeiro lugar, partir da coragem de *dar um nome* ao que está acontecendo, com *realismo e sinceridade.* Coisa nem sempre fácil quando está em jogo o afeto e o sujeito está confuso, com boas e justificadas razões. Mas é importante, por exemplo, que reconheça estar enamorado, que use esta expressão sem esconder a si mesmo, e, ao mesmo tempo, sem deixar-se arrastar como um pré-adolescente pela experiência que está vivendo, mas aprendendo a relativizá-la o máximo possível.[2] Portanto, nenhum catastrofismo ou desespero, bem como nenhum automatismo entre enamoramento e traição vocacional, nem entre enamoramento e escolha vocacional forçosamente alternativa.

Ao contrário, faz parte dessa sensibilidade realista recordar que um acontecimento como o enamoramento para um consagrado cria uma situação nova, "que abre ao conhecimento de si e do mundo: é como uma nova luz, um modo de ver a si e as coisas antes desconhecido",[3] e que é devido à irrupção do olhar de outra pessoa na profundidade dos próprios afetos e dos próprios sentimentos. O confronto e a paixão por uma mulher podem, de fato, revelar

---

[2] Tudo o que dizemos a respeito do enamoramento vale para todos os sentimentos que possamos experimentar e que são salutares reconhecer. Lembro o caso de um jovem sacerdote, normalmente benévolo e paciente, mas que tinha estranhos acessos de raiva agressiva, tanto raros quanto intensos. Tal pessoa sofrera violência sexual quando menino, mas dizia que não sentia nem jamais sentira ressentimento algum contra o agressor (que também lhe era pessoa bem conhecida). E, assim, a raiva não reconhecida era forçada a encontrar outras saídas perigosamente descontroladas.

[3] A. Torresin, D. Caldirola, Il prete innamorato, *Settimana*, 18 (2014), p. 2.

aspectos de si que o indivíduo ainda não havia conhecido ou compreendido, partes inéditas do próprio mundo interior, recursos insuspeitados, qualidades ocultas, mas também egoísmos e individualismo típicos de quem, até aquele momento, pensou em si mesmo de modo muito independente, quase como um *solteiro*. Aferrar a capacidade de amar e a beleza de ser amado faz experimentar uma nova liberdade, provoca algo como uma extensão dos limites do eu, a miúdo torna o indivíduo mais forte e resistente às dificuldades, mas também muito mais consciente de certo idealismo sentimental, característico – de novo – de determinados teóricos do amor um pouco desencarnado, e faz aproveitar – ao contrário – a inexorável concretude do amor.

Há quem, a partir desse terremoto do coração, tenha-se tornado mais atento e empático, mais capaz de escutar a si e aos demais, mais livre para dar precedência ao outro e para sofrer com quem sofre; até mesmo a qualidade da vida espiritual e de seu modo pastoral de comportar-se extraiu daí vantagem e se aperfeiçoou.

Obviamente, isso não é previsível, mas, em todo caso, executar essa operação ou favorecer esse tipo de sensibilidade já é fazer um discernimento que permite começar a distinguir o que é bom, em uma paixão do coração, do que não o é; o que é puro do que é ambíguo; o que conduz a uma dependência perigosa do que leva a maior liberdade. E já está se realizando o discernimento.

1.2. A sinceridade começa pela linguagem

Mas também em outro sentido essa sensibilidade psíquica é ato de realismo que ajuda a discernir porque educa a pessoa a não somente reconhecer com sinceridade os próprios sentimentos, mas a avaliar corretamente as próprias ações, *usando termos adequados*. Há, de fato, uma primeira sinceridade que nasce da correção e do uso oportuno dos termos e das expressões que usamos para narrar a nós – principalmente – ou aos outros (ao guia ou ao confessor, por exemplo) o que vivemos. Dou alguns exemplos porque tal sinceridade da linguagem não é absolutamente previsível (principalmente entre quem presume conhecer-se).

Por exemplo, se estou experimentando uma sensação de solidão e imediatamente vou em busca de contatos (nos mil modos hoje praticáveis) para preencher aquele vazio e não experimentar a angústia de estar sozinho comigo mesmo, certamente não estou fazendo nada de ilícito ou transgressivo, mesmo se irei em busca daqueles que escolho e com os quais me agrada estar, mas não poderei, provavelmente, dizer (e dizer-me) que ajo assim para amadurecer na capacidade de relação e de socialização ("no fundo, não sou um eremita de forma alguma..., e, além disso, não estou fazendo nada de mal"), principalmente se isso se torna um hábito, e hábito egocêntrico: seria um (auto)engano. Serei mais correto e sincero se tiver a coragem de dizer (e dizer-me) que estou buscando aquelas relações, inclusive porque tenho medo de encontrar-me sozinho e me dá ansiedade a companhia de mim mesmo, ou porque ainda não aprendi como é salutar e libertador o *habitare secum*, particularmente quando é percebido como estar *coram Deo*,[4] ou ainda

---

[4] Respectivamente: "habitar ou viver consigo mesmo" e "estar diante de Deus".

não descobri que, para saber estar em companhia, a pessoa deve ter apreendido a viver bem consigo mesma, naquela solidão silenciosa que constringe o coração a tornar-se salvo. Aquele gesto, portanto, é ou corre o risco de ser uma *concessão*, leve, se assim você o quiser, mas sempre concessão, como um cedimento (assim, etimologicamente) à parte menos madura de mim mesmo, aquela que pouco a pouco me torna mais preocupado em curar minhas feridas (através dos outros) e muito menos de ir ao encontro das feridas de outrem.[5] Esta é a verdade.

Em caso contrário, se busco na internet imagens sexuais equívocas, não poderei falar de mim mesmo dizendo que esta é, no máximo, uma "distração venial recreativo-relaxante depois de uma jornada cansativa"; serei mais honesto se disser que estou gratificando, em atraso, uma necessidade psicológica típica da pré-adolescência (como é, precisamente, a curiosidade sexual). Ou seja, esta é e se chama *regressão*, na qual – além do mais – não desdenho tratar o corpo de outra pessoa como objeto para minha satisfação.[6] Isso tudo é apenas "venial e relaxante"? São termos apropriados?

---

[5] Não nos esqueçamos de que a concessão é amiúde o primeiro passo daquele caminho ao longo de um plano que é perigosamente inclinado e que pode levar a comportamentos inclusive gravemente transgressivos (a respeito do "plano inclinado" como gênese e dinâmica de possíveis abusos sexuais, cf. A. Cencini, *È cambiato qualcosa? La Chiesa dopo gli scandali sessuali*, Bologna, EDB, 2015, pp. 67-93).

[6] Lembro, em nível muito mais grave, quanto confessou, há algum tempo, um bispo acusado de pedofilia (e, em seguida, condenado): "Admito ter tido um comportamento sexual inadequado ao meu status". É preciso muita coragem para chamar uma realidade dramática e violenta como é uma relação pedófila simplesmente de "comportamento inadequado"...

Destarte, se vivo uma ou mais relações e tenho muitos contatos e deles desfruto bastante porque me sinto no centro do interesse geral e sou muito solicitado, não basta contar a mim mesmo e assegurar-me de que – vamos! – "não seria nem mesmo normal não usufruir da relação... e, ademais, estes são os riscos que corre aquele que tem a coragem de entrar no âmago dos relacionamentos humanos, como o quer o Papa Francisco...". Pode até ser que seja assim, mas a realidade é que estou também usando a relação para as minhas economias afetivas e, na medida em que a vivo assim, aquela relação ou aquele estilo relacional está a tornar-se um *abuso* dos outros, não tão grave, mas sempre "uso impróprio": isto é o que está acontecendo; o resto é conversa.

E se me sinto oprimido pela habitual sensação de inferioridade e me jogo no trabalho, no estudo, no apostolado... para suportar isso, e me sinto demasiado mal quando não sou tão bem-sucedido quanto esperava, aqui também não basta dizer que qualquer um se sentiria mal ao constatar a pobreza dos resultados depois de haver-se sacrificado tanto pelo Reino. A verdade é que aquilo que faço é também uma *compensação* para sentir-me alguém. Não o será 100%, mas basta que o seja até mesmo parcialmente para justificar minha atenção seriamente autocrítica e discernir onde devo trabalhar em mim mesmo e converter-me, sem perda de tempo. Em todo caso, o respeito à realidade e ao meu papel, aos outros e... ao Reino pelo qual declaro trabalhar, impõe-me não dizer lorotas ou meias-verdades, nem brincar de esconde-esconde comigo mesmo.[7]

---

[7] Certamente esta é também uma moda que caracteriza estes nossos tempos de falsificação constante da verdade (vejam-se as famosas *fake news*),

OS PASSOS DO DISCERNIMENTO

O discernimento, e não somente a sinceridade, começa com a coragem de usar palavras claras e expressões adequadas, por mais que nos aborreçam e, no momento, pareçam excessivas. Concessão, regressão, abuso, compensação não são realidades, em todo caso, imediatamente terríveis ou necessariamente ilícitas, mas têm o poder de desvelar-me a mim mesmo ou de descobrir recantos ocultos do meu mundo interior, sacudindo o sono ou a letargia de minha (in)consciência: com efeito, uma coisa é dizer que aquele jeito de agir é "venial recreação relaxante"; outra é dizer que é "regressão pré-adolescente". Assim como é diferente confessar que se busca um pouco a si mesmo na relação, ou descobrir que o próprio modo de agir é, de fato, abuso do outro![8] Se não tenho a coragem

---

em que dois jovens (um de 13 e outro de 16 anos) podem permitir-se atear fogo a um mendigo que, em seguida, morrerá entre dores atrozes, e dizer sem nenhuma emoção que "não o fizemos por maldade de maneira nenhuma…, simplesmente estávamos entediados". A coisa mais absurda é que logo os pais dos dois se apressaram em dizer que seus pimpolhos jamais fariam mal sequer a uma mosca, "tratou-se apenas de uma brincadeira que terminou mal". Para além da negação da dignidade daquele pobrezinho, com a qual se pode inclusive brincar para não morrer de tédio, e que parece valer menos do que uma mosca (e é o aspecto mais verdadeiro e mais grave do caso), é triste e surpreendente ver como se pode zombar da verdade usando palavras que a distorcem e anulam (e que frequentemente permitem sair impune das próprias responsabilidades até mesmo penais): de fato, nem sequer o adolescente foi condenado.

[8] É o que se pode experimentar na relação de ajuda e, particularmente, na psicoterapia. Muitas vezes constatei exatamente esse poder das palavras ou daquelas expressões verbais que o sujeito jamais tivera a coragem de usar e de referir a si mesmo. E que, a certa altura, tornaram-se chaves que finalmente abriram portas secretas do próprio coração, e que tinham ficado fechadas até então.

de chamar as coisas pelo nome, e recorro a eufemismos ou a perífrases a fim de atenuar, redimensionar, justificar, não me colocar demasiado em discussão..., corro o risco de jamais descobrir o que sou, de não mais discernir o que tenho no coração. E, talvez, chegar pouco a pouco a concessões, regressões, abusos e compensações realmente graves.

Obviamente, tudo isso, ou esta franqueza verbal, é bastante auxiliado e provocado em uma dinâmica relacional, obtendo melhor resultado se outra pessoa me faz perceber a armadilha da aproximação verbal e da superficialidade interpretativa subjetiva.

2. Sensibilidade intrapsíquica: verdade e transparência interior

Mas não é suficiente; faz parte da sensibilidade psíquica a passagem da sinceridade à verdade, na qual o sujeito busca descobrir a raiz intrapsíquica, o significado do que está experimentando. Aqui já não basta dar às coisas o seu nome ou usar as palavras adequadas, posto que esse tenha sido um passo importante. Ou melhor, foi-o na medida em que preparou ou dispôs para essa outra atenção.

2.1. Como uma peregrinação: da sinceridade à verdade

Seria, de fato, a segunda sensibilidade, a *intrapsíquica*, que permite dar um passo adiante muito importante, como uma peregrinação de forma alguma previsível em nossa vida: da percepção honesta da sensação e da paixão interior

(= sinceridade) à identificação de sua raiz (= verdade).[9] Ou da aparência à realidade.

Tal passagem, de algum modo, começara com a atitude indicada no início desse percurso pedagógico, ou com aquela predisposição geral para interrogar-se, para ir além da superfície das coisas e dos gestos, para ter a coragem de questionar inquietações, mal-estares interiores, sensações particulares..., e para questionar-se diante de tudo o que se agita dentro do nosso mundo interior.

Trata-se, agora, de prosseguir naquela linha, mas levando em consideração, de modo explícito, a área afetivo--sexual e – de fato – aquilo que a pessoa em crise afetiva está vivendo, justamente para chegar sempre mais à raiz de tal situação crítica, que não nasceu no vazio.

Concretamente, então, a sensibilidade intrapsíquica é acionada por uma série de perguntas úteis, por exemplo: "*de onde* vem essa tensão e essa atração?", "*o que* esse enamoramento está dizendo a respeito de meu caminho de amadurecimento, ou o que me revela a meu respeito?", "o que está indicando em mim o sofrimento que estou experimentando devido à ausência dessa pessoa?", "*do que* me

---

[9] Que essa "peregrinação" não possa ser considerada garantida demonstra-o também a confusão que frequentemente se faz entre estes dois termos, sinceridade e verdade, usados tranquilamente como sinônimos. Ser sincero é simplesmente reconhecer o que se experimenta dentro de si, dando-lhe o nome adequado (e não é um grande heroísmo, embora seja uma etapa indispensável); ser verdadeiro é muito mais: significa descobrir o que está na raiz daquela sensação--emoção-paixão. Quantos projetos formativos se detêm na sinceridade! Assim como em quantas confissões se para na denúncia do que se percebe na superfície, sem a coragem de confessar a verdade!

defende essa relação, ou *o que* me permite evitar?", ou – ao contrário – "o que me subtrai ou do que corre o risco de distanciar-me?". Sem desdenhar questionamentos mais concretos: "quanto tempo, material e... mental passo com essa pessoa?", "quantas vezes me ponho a ler mensagens e torpedos em meus instrumentos de comunicação, esperando encontrar aí suas mensagens?", "o que me está dizendo a reação de meu corpo?".

E ainda: "*por que* cheguei a esse ponto, até envolver-me tanto assim?", "na realidade, *o que* estou desejando, para além do objeto imediato ou da relação com determinada pessoa?", "por que estou permitindo-me gestos, contatos, expressões... que outrora, em momentos tranquilos, teria firmemente excluído de minha conduta? Por que mudei meu julgamento moral?" etc.[10]

De resto, já acenamos, no capítulo anterior,[11] como a crise afetivo-sexual a miúde origina-se de problemas irresolutos de outra natureza, o primeiro de todos, o problema da autoestima, que, se não estiver bem fundada em sua positividade e, portanto, insegura, torna a pessoa vulnerável e dependente da estima dos outros, portanto, extraordinariamente sensível a sinais de afeto e de atenção em relação

---

[10] Outro conjunto possível de perguntas sempre relacionáveis a essa fase de acionamento da sensibilidade: "O que poderia haver por trás da relação com essa mulher? Ingenuidade de minha parte? Ou presunção? Ou cumplicidade inconsciente? Ou insatisfação com minha vida celibatária? Há, talvez, certa mediocridade de vida na base de tudo isso? Ou aquela sensação de prazer em ser desejado a que não consigo renunciar? Ou poderia haver aquele determinado narcisismo que me ilude de ser ainda jovem e atraente?

[11] Cf. cap. 1, parágrafo 3.1 ("O verdadeiro problema").

a si mesma. De fato, a grande maioria dos enamoramentos na vida do celibatário consagrado nasce justamente na área da identidade e da autoestima, que se torna, portanto, o âmbito onde intervir.

É um discernimento decisivo: não aferrar a raiz do problema quer dizer errar o diagnóstico e, por conseguinte, fatalmente também a terapia. Como aconteceu demasiadas vezes!

2.2. Discernir antes e depois

Nessa etapa, também, ou nessa sensibilidade a ser acionada, há um discernimento apreendido e outro em andamento: o indivíduo ou o peregrino que aprende cada dia a realizar a peregrinação da sinceridade à verdade, sem esperar encontrar-se em crise afetiva, aprende inclusive a distinguir, de maneira mais aprofundada, o bem do mal, ou descobre até mesmo que o bem (ou o que aparece como tal) não necessariamente é animado por uma boa motivação; reconhece que se pode fazer uma coisa boa e bela (um ato de atenção para com os outros) com uma intenção não propriamente de igual modo boa e bela (para obter estima e consideração). Assim, aprende a distinguir, aos poucos, o amor verdadeiro do falso, e conclui, talvez, com admiração, se for honesto no exame, que raras vezes amou de modo puro e totalmente desinteressado, como destilado puro de Evangelho, sem sombra de contaminação.

E aprende a discernir também, em seu eventual enamoramento, vestígios de ambiguidade: busca de si, traços infantil-adolescentes, idealização ingênua do amor (e da amada), desejo de posse ou uso instrumental da outra pessoa para os próprios interesses ou como cura das próprias feridas, necessidade de estar no centro da atenção, baixa autoestima e consequente necessidade de sentir-se apreciado ou de mostrar-se interessante, fascínio adolescente do fruto proibido e desconforto com a própria solidão sempre mais insuportável...[12] Isso é muito interessante, mesmo que inicialmente decepcionante: o sujeito saiu com a intenção de verificar a qualidade do afeto intenso que está experimentado para com uma pessoa específica, e descobre que o problema é bem mais amplo e implica cada ato próprio e expressão de amor, que mais do que algumas vezes tem pouco a ver com o amor... É o fruto, ou um dos frutos do discernimento, especialmente quando se torna atitude habitual.

Certamente não acontece de modo espontâneo ou automático o passar do ser sincero ao ser verdadeiro consigo mesmo; por isso, foi importante, na formação inicial, e continua a ser decisiva na formação permanente, a assim chamada fase educativa, na qual aprender a *educere veritatem* [extrair a verdade], ou seja, escrutar o próprio coração e seus sentimentos para fazer emergir deles a verdade, inclusive aquela menos agradável, e, no entanto, aquela onde

---

[12] Thomas Merton, por exemplo, mostrou essa coragem em relação à verdade, quando, com grande transparência introspectiva, descobriu que o que buscava na jovem por quem estava perdidamente enamorado (a ponto de ele, monge, já quinquagenário, não poder imaginar-se sem ela) talvez não fosse a mulher que ele dizia amar sinceramente; provavelmente, tampouco certa gratificação impulsiva, mas uma solução para o vazio que se criara em torno de seu coração. Ela era "a pessoa cujo nome eu tentava usar como algo mágico para despedaçar a preensão da tremenda solidão do meu coração" (J. H. Griffin, *Thomas Merton: The Hermitage Years*, London, Orbis Books, 1993, p. 58).

a experiência da graça que me salva poderia ser mais verdadeira. Por isso, é sempre importante uma ajuda externa, para poder reconhecer aquilo que subjetivamente corremos o risco de não ver dentro de nós.

3. Sensibilidade moral: a identidade como critério

Terceira ativação: a sensibilidade *moral*. Com a ativação desse tipo de sensibilidade, o consagrado indaga a respeito da qualidade moral do que está vivendo, mas não só; indaga ou deveria indagar também a respeito da qualidade de seu próprio julgamento moral a respeito do que está vivendo. É uma distinção importante e nem sempre respeitada para fins de um verdadeiro discernimento.

3.1. Ambiguidade

A tendência (ou tentação) seria a de ver o assunto em termos muito claros: é pecado ou não é pecado? No entanto, sabemos que, quando alguém está apaixonado, os confins entre as duas realidades tendem a ofuscar-se e a confundir-se. Principalmente a área do "lícito porque não canonicamente pecaminoso" tende perigosamente a expandir-se. Em todo caso, não seria sinal de consciência madura contentar-se com a adequação a uma regra, ou simplesmente estar atento para não ultrapassar aquele limite estratégico além do qual dispararia a proibição. Recairíamos ainda na velha escravidão da Lei, ou no extrinsecismo moral, onde a lei é, no máximo, observada, mas, como algo que permanece exterior a mim, não é amada como o que dá beleza e verdade ao meu agir.

Do mesmo modo que, no outro extremo, tende a estender-se a outra área, aquela do "lícito porque minha consciência me diz que está tudo bem". Obviamente a liberdade de consciência é um princípio sacrossanto, mas suscita pelo menos alguma dúvida a atitude de quem, na relação, perde o senso dos confins e dos limites, ultrapassa soleiras da intimidade física e psíquica com discreta desenvoltura, envolve-se sempre mais na esfera corporal, talvez reivindicando – precisamente – o direito de agir segundo a própria consciência ou sensibilidade moral.

3.2. O verdadeiro discernimento (e a verdadeira pergunta)

O problema é exatamente este, ou melhor, não está em questão aquele direito, mas mesmo antes disso, quando muito, o *dever* de formar autenticamente a própria sensibilidade moral (e penitencial). E, portanto, perguntar-se ou discernir *como se formou e se vai formando tal sensibilidade.* Como bem sabemos, e como procuramos aprofundar na publicação anterior,[13] o ponto de referência, ou critério educativo de tal formação, é constituído *pela identidade* da pessoa: isto é, a sensibilidade de cada um deve ser sempre mais educada a conformar-se à sua própria identidade, a senti-la como a própria verdade, beleza e bondade, a sentir-se atraída por ela como fonte de bem-aventurança, portanto, a amar aquilo que a pessoa é chamada a ser, e a amar no estilo típico do próprio eu ideal.

---

[13] Cf. A. Cencini, *Dall'aurora io ti cerco. Evangelizzare la sensibilità per imparare a discernere*, Cinisello Balsamo, San Paolo, 2018, pp. 127-136.

Eis por que me parece, pois, muito mais conveniente e eficaz situar a pessoa em crise afetiva perante outro modo de colocar a pergunta: "O que estou fazendo, meu estilo relacional com essa pessoa, os vários gestos e contatos *estão de acordo com minha identidade de virgem*, exprimem tal identidade, são testemunho límpido e coerente dela, a ponto de que poderia fazer tudo isso inclusive em público?". Este conjunto de perguntas é mais persuasivo, facilita o discernimento sobre a qualidade e sobre a verdade do próprio envolvimento afetivo e, habitualmente, deixa menos espaço para defesas e autoenganos. Se, depois, a respeito da última parte da pergunta ("Poderia fazer tudo isso inclusive em público?"), o indivíduo refugia-se no costumeiro: "Mas os outros não poderiam compreender o que existe entre nós", mostra não apenas uma atitude defensiva e ao mesmo tempo presunçosa, mas também a imensa confusão que habita seu coração. Aquela confusão que normalmente caracteriza quem jamais aprendeu a discernir o que é verdadeiro, justo e santo, e a conservá-lo no coração para, em seguida, narrá-lo com simplicidade aos outros. Se os outros não podem compreender, normalmente há alguma ambiguidade em mim.

4. Sensibilidade relacional: Deus no centro da relação

O enamoramento é, evidentemente, fenômeno relacional (embora existam, sabe-se lá, quantas personagens apaixonadas, perdida e perigosamente, por si mesmas e pelo espelho em que se contemplam, como o Narciso do mito!).

Logicamente, portanto, entre as sensibilidades a ser acionadas e com as quais se deve confrontar, existe também a sensibilidade relacional. A fim de compreender e discernir se é verdadeiramente assim, ou se, por acaso, na realidade está reservado ao parceiro relacional um papel secundário e que respeito existe por sua pessoa.

4.1. *Respeito*

Não é tão raro encontrar presbíteros envolvidos em relações intensamente sentimentais, que mantêm a outra em uma condição de evidente inferioridade, explorando seu papel e sua autoridade, como se não fosse tão importante saber o que ela está experimentando. Quase parece que o que conta, para eles, é a sensação subjetiva de gratificação, dentro de uma lógica que, para usar palavras verdadeiras, deveríamos chamar *autoerótica*.

Anteriormente, demos alguns exemplos de atitudes presbiteriais que seguem tal direção, do tipo que frequenta levianamente sítios pornográficos ao tipo que vive em uma quantidade industrial de relações para sentir-se importante e atraente. Em ambos os casos, o sujeito usa e abusa do outro, serve-se dele para si mesmo, não lhe respeita a dignidade, não se dá conta de que está corrompendo a autoridade que lhe deriva do papel, com aquele poder que é o desvio do papel, poder que ofende e humilha, especialmente quem é pequeno e vulnerável. Poder que é a substância infectada do vírus do clericalismo.

A ênfase atual sobre escândalos e abusos sexuais deveria fazer-nos compreender que tais escândalos e abusos não são apenas violência sexual explícita, mas existem inclusive... em formato menor e aparentemente inócuo, onde abusos pequenos ou menos explícitos jamais foram objeto de discernimento da parte da pessoa.

4.2. Responsabilidade

Outro aspecto importante para discernir a qualidade e a natureza do relacionamento é verificar quanto a pessoa do presbítero vive com senso de responsabilidade a própria relação. É desconcertante, às vezes, constatar exatamente o contrário, ou seja, a irresponsabilidade com que ele, adulto, vive certo tipo de relação com um menor (é o caso mais grave, mas não deveria haver necessidade de grandes discernimentos para compreender a miséria da situação), o pastor que prossegue com uma mulher uma relação sentimental que, de fato, revela-se impossível por mil motivos: porque ela é esposa e mãe, ou é jovem e tem todo o direito de projetar a própria vida futura de modo realista e de não desperdiçar energias preciosas em uma relação improvável, ou porque ele quer, com discreta hipocrisia, manter abertas para si ambas as possibilidades (continua a exercer o ministério e, junto a isso, não quer renunciar a um relacionamento tão gratificante para ele).

É embaraçoso ver como em tudo isso o presbítero demonstre a ausência de um mínimo senso de responsabilidade, e pareça quase aproveitar-se da idade jovem da pessoa, ou de sua fragilidade, ou de sua confusão interior, talvez de sua situação de crise conjugal...; ou que se defenda debitando-lhe substancialmente a culpa ("ela é quem insiste...", "se interrompo, faço-lhe mal, ameaçou até mesmo acabar com a própria vida...", "já teria terminado a relação se não fosse por ela, que não me larga um minuto...", "o problema é seu, não meu..."). E provoca até mesmo raiva quando o padre, depois de ter seduzido a outra e haver brincado irresponsavelmente durante muito tempo com seus sentimentos (outro refinado sinal de poder), tem o despudor de dizer: "Mas nada sinto por ela; ela é que me deseja ardentemente...", ou seja, inicialmente a buscou e usou; depois, uma vez que acabou de espremê-la, pode inclusive jogá-la fora. Exemplo perfeito de clericalismo! Aqui, as perguntas úteis para o discernimento giram em torno desse ponto de interrogação: "Quão responsável sou e me sinto em relação a essa pessoa? Como vivo essa responsabilidade diante de Deus, diante de quem a confiou a mim (no caso de um menor) ou diante de sua família (cônjuge e filhos), diante da comunidade e diante de quem confia em mim?". Se responsabilidade quer dizer encarregar-se do crescimento do outro, "até que ponto a relação estabelecida com tal pessoa favorece-a a crescer e a amadurecer como mulher e como alguém que crê?"; "até que ponto esse relacionamento afetivo ajudou tal jovem a encontrar seu próprio lugar na vida e na Igreja..., a projetar-se um futuro crível...?"; "esta pessoa é profundamente feliz com o relacionamento que vive comigo? Vive-o em liberdade?". "E eu, o que busco nela..., e o que me dá?"; "o que representa para mim?"; "por acaso sinto ciúme dela?".

4.3. *Estilo relacional virginal: alguns critérios*

Para ajudar o discernimento, podem ser úteis alguns critérios relativos ao estilo relacional típico do celibatário pelo

Reino.[14] Discernir a qualidade do próprio estilo relacional é premissa indispensável para discernir o senso da eventual crise e, em seguida, tomar uma decisão final. Com outras palavras: o verdadeiro objeto do discernimento nas crises afetivas não é a alternativa entre permanecer (na instituição) ou mudar o estado, mas a qualidade de meu modo de amar e das minhas relações: esta é que deve eventualmente mudar. Ademais, está claro que se o estilo não confirma o ideal escolhido e é incoerente, diminuirá a capacidade atrativa do próprio ideal e serei mais atraído por uma escolha alternativa.

a) Deslocar-se para um lado, porque o centro cabe a Deus

O celibatário deve viver muitas relações, mas sem jamais ocupar o centro delas, porque o centro da vida de toda pessoa e de toda relação cabe a Deus; e justamente por isso escolheu ser celibatário, a fim de testemunhar que somente Deus pode preencher a sede infinita de amor do ser humano. Se, portanto, alguma pessoa o coloca no centro de sua vida, ele deveria dar-se conta disso e encontrar o jeito de dizer-lhe: "Não sou o teu centro, mas Deus", deslocar-se para o lado, para não ocupar, no plano espiritual, o lugar que cabe a Deus, e no plano relacional humano, ao cônjuge a quem a pessoa está possivelmente unida (e, assim, verifica-se também o contrário, ou seja, se a outra pretende colocar-se no centro de sua vida).

---

[14] Reporto-me a algumas reflexões que propus em meu *È cambiato qualcosa? La Chiesa dopo gli scandali sessuali*, Bologna, EDB, 2015, pp. 201-203.

É um critério muito iluminador interrogar-nos a respeito do lugar que ocupamos na vida de outrem. É evidente que continuar a ocupar um lugar central na vida emocional de outra pessoa, antes de mais nada, faz-nos sentir-nos importantes e gratifica nossa necessidade de estima, mas, em seguida, não podemos evitar de reforçar a atração afetiva (e afetivo-sexual). É importante dar-nos conta disso o mais rápido possível para não chegarmos a uma situação de dependência que orientaria fatalmente nossa decisão.

b) Tocar levemente o outro para não fazer do corpo nem o lugar nem o motivo do encontro

O pastor, celibatário pelo Reino, é chamado, ainda outra vez, a viver muitas relações, mas não a partir do corpo e de sua capacidade de atração, ou em força da gratificação sensorial do contato físico, mas *para ajudar o outro a ser o que ele é chamado a ser segundo o projeto de Deus, colocando-se, portanto, a seu serviço, e não se servindo dele sutilmente.* Por conseguinte, estará atento em adotar um estilo particular, feito de *delicadeza e atenção, respeito pelos sentimentos e sobriedade de gestos, para não ligar ninguém a si e não usar-abusar do corpo do outro,* mas – ao contrário – para enfatizar, também no estilo e nos modos, nos gestos e nas palavras, nos sentimentos e no modo de exprimi-los, aquele ponto único de encontro que é Deus.[15]

---

[15] A respeito do envolvimento do corpo, especialmente nas relações de ajuda, permito-me remeter ao meu artigo: Il contatto corporale nelle relazioni d'aiuto, *Tre Dimensioni: Psicologia, Spiritualità, Formazione,* 1 (2004), pp. 57-58.

É outro critério que ajuda o discernimento. O envolvimento corporal aumenta inevitavelmente a pressão do instinto e, portanto, orientaria a atração e, em seguida, a decisão naquela mesma direção. Ser perspicazes para restabelecer os confins do eu e certa distância é condição indispensável para fazer, em seguida, um discernimento verdadeiro.

c) Amar a Deus com coração humano, amar o homem com coração divino

O presbítero celibatário é chamado a combinar dois modos de amar, humano e divino, entre si e com dois objetos do seu amor, Deus e o homem. Como uma síntese dupla. Existe verdadeira maturidade afetiva quando as duas dinâmicas se entrecruzam (e é, deveras, algo que tem a ver com a cruz) com os respectivos objetivos. Trata-se, portanto, *de amar a Deus com o próprio coração totalmente humano*, portanto, com um afeto verdadeiro e que investe a sensibilidade, e – junto a isso – trata-se de *amar o homem, mas com um estilo sempre mais semelhante ao modo de querer bem de Deus, com sua liberdade e intensidade*, daquele Deus que é atraído particularmente por quem se sente agredido pela tentação de não se sentir amado. O celibato não é somente amor de Deus a ponto de renunciar ao amor humano, como talvez se dizia antigamente, mas a ponto de *amar o homem com o mesmo coração de Deus!*

Daí advém outra pergunta incisiva e que visa ao ponto exato: eu amo realmente com o estilo de Deus, com aquela liberdade que me torna capaz de amar muitas pessoas, com aquela preferência por quem vive sozinho e não é importante, com aquela transparência que me faz desejar o verdadeiro bem do outro?

Aqui também o princípio parece claro: um estilo afetivo demasiado nivelado ao humano faz perder o sentido e o gosto da opção celibatária, orientando para uma escolha diferente.

5. Sensibilidade espiritual: a luta com Deus

Quinta ativação: a sensibilidade *espiritual* (ou *religiosa*). Com tal sensibilidade, que deveria ser típica do virgem pelo Reino, a crise do enamoramento deixa de ser um fato apenas psicológico e torna-se um fato *espiritual*, ou, se preferirmos, já não é luta tão somente *psíquica*, contra instintos e tentações, mas *religiosa*, com Deus e com seu amor, que quer ser o primeiro para que eu ame mais cada pessoa e me deixe amar plenamente por ele, para amar como ele. Ou, no caso do celibato sacerdotal, poderia não se reduzir – no final – à contestação um pouco ideológica de uma lei, mas à contestação, quando muito, de determinado modo pessoal de ser e de amar a Deus e aos outros.

5.1. Crise afetiva como a hora de Deus

Com efeito, é uma tendência facilmente reconhecível no modo habitual de administrar as crises sentimentais do reverendo: elas são imediata e normalmente vistas como fraqueza ou tentação, como risco de infidelidade e terreno perigoso e escorregadio, como pretensão do humano de recuperar um espaço que parece ser-lhe próprio, inconfundivelmente, contrapondo-se a Deus.

E se, em vez disso, a crise fosse vista ao contrário? Como instrumento através do qual o Eterno vem visitar-me, encontrando-me onde sou particularmente sensível, onde meu coração se mostrou notavelmente sensível, onde meu coração mostrou peculiar capacidade de envolvimento, e onde, de modo particularmente crítico, portanto, faz-se o confronto com ele?

Mudam completamente o sentido de uma crise sentimental e a atitude com que o sujeito a enfrenta a partir até mesmo, somente da hipótese, de que assim possa ser. De tal discernimento pode derivar uma radical inversão de marcha, e o enamoramento humano torna-se lugar de uma nova e inédita experiência de Deus.[16]

A indicação pedagógica é, portanto, clara e nítida: é preciso *deixar Deus entrar na crise do coração*, e não mantê-lo fora, pensando que se trata de dois mundos incomunicáveis. Se a vida fala quando há um coração que escuta, talvez o coração jamais se ponha tanto à escuta como quando experimenta um amor intenso. Ali, então, e através também daquele amor tão humano, Deus pode fazer-se ouvir melhor. Poderia ser a sua hora.

5.2. Discernir Deus no teste do coração

Eis aqui também, pois, algumas perguntas que poderiam ajudar na sondagem do coração, sendo que, desta vez, a partir do ponto de vista de Deus: "O que Deus *está a dizer-me*, a respeito de mim e de Deus mesmo, através desta

---

[16] Meu texto *L'ora di Dio. La crisi nella vita credente*, Bologna, EDB, 2010, é construído sobre esta lógica.

prova?", "O que *está a dar-me e a pedir-me*?", "*Onde está o Senhor em tudo isso, e aonde quer conduzir-me*?", "Qual é a *graça* que me está reservando através desse acontecimento?", "Quem está – na realidade – na origem dessa sensação de vazio e de solidão, ou por que meu coração se sente sozinho? Deus não poderia estar no começo e inclusive no fim desse desejo de um grande amor?". "E qual é, ao contrário, a *tentação* mais forte e sedutora nesse teste?" "Nele há, talvez, a um tempo repreensão e encorajamento, advertência e estímulo, lamento e sorriso, espera e memória, perdão e proposta... que provêm do Deus fiel?", "talvez este Deus esteja a dizer-me que já não lhe basta aquela determinada maneira pela qual vivo meu celibato, que não posso contentar-me de repetir-me e repetir-me, que hoje devo renovar e motivar novamente minha oferta, que devo aprender uma nova intimidade com ele e descobrir um amor novo, um modo novo de vivê-lo e de testemunhá-lo...?".

5.3. Sensibilidade crente

Na resposta a estas perguntas estão a realidade e o verdadeiro sentido da crise. Ou pelo menos é fazendo-se constantemente esse tipo de questionamento que quem se encontra na provação capta-lhe progressivamente aquele sentido verdadeiro que deve ser lido autenticamente na fé, e que vai despertar outra sensibilidade, a sensibilidade *crente*, daquele que busca em cada coisa e a cada passo o Deus que caminha conosco. Porquanto o protagonista permanece ele, o Eterno, que pode servir-se também de um momento de fraqueza e de confusão para revelar-se como ele quer, e sacudir, e atrair novamente para si. Ou que pode

Os passos do discernimento

levar a compreender também através de um enamoramento aquilo de que o coração humano é capaz, ou aquele amor que ele próprio depositou no coração do homem.

No fundo, o Criador sempre buscou a criatura através da provação, e assim continuará a fazê-lo com quem se deixa provar e chega – justamente graças a essa disponibilidade –, mesmo que seja lenta e penosamente, a colher no teste do coração uma mediação entre as mais eficazes do divino, quase um misterioso e paradoxal encontro com ele. Ao qual Deus não falta jamais...

A essa altura, de fato, a crise já não é um fato apenas psicológico, mas religioso; a pessoa já não luta com tentações e atrações, ou contra uma parte de si, mas com Deus e seu amor, com suas pretensões e seus excessos (de amor); com as primeiras (tentações e atrações) pode até pensar em vencer, mas, em se tratando do amor do Eterno, é obrigado a render-se.[17]

É o momento da decisão.

6. Sensibilidade decisória: do desejo à escolha, da escolha humana à escolha cristã

Sexta ativação: a sensibilidade *decisória*. A crise, também aquela do enamoramento, deve determinar uma escolha; do contrário, torna-se álibi conveniente para que nada mude, que é, em todo caso, uma decisão-de-fato, através da

---

[17] A respeito da diferença entre luta psicológica e luta religiosa no caminho de amadurecimento afetivo do celibatário consagrado, cf. A. Cencini, *Nell'amore. Libertà e maturità affettiva nel celibato consacrato*, Bologna, EDB, 2011, pp. 840-851.

qual a pessoa se permite a vida dupla ou as várias situações de concessão que conhecemos, posto que ocultas.

Crise, lembremo-nos, significa consciência sofrida de uma não correspondência entre o eu ideal e o eu atual, *que pede uma escolha ou uma conversão, a respeito de um ponto bem definido da própria personalidade*, para um novo equilíbrio de relacionamentos entre ideal e conduta de vida.[18]

A ativação flexível de vários tipos de sensibilidade que acabamos de ver deveria provocar a pessoa a fazer sua escolha, a fim de não continuar a viver um celibato medíocre, por exemplo, ou cheio de concessões, ou de contradições, ou até mesmo de vida dupla, ou para colocar-se, seja como for, em uma atitude de maior autenticidade pessoal e de verdade vocacional. Principalmente a ativação das diversas sensibilidades ofereceu, sem dúvida, elementos novos, perspectivas diversas, provocações inéditas; ao mesmo tempo, permitiu esclarecer pontos obscuros, corrigir distorções perceptivo-interpretativas, eliminar ilusões e expectativas irrealistas. Talvez o questionamento que motivou o caminho do discernimento se tenha tornado ainda mais exato, poderia ter-se deslocado alhures, redimensionando ou ampliando o problema inicial, ou aprofundando-o e vendo-o em termos parcialmente novos e que permitem chegar à

---

[18] Cf. A. Cencini, *L'ora di Dio*, Bologna, EDB, 2010, p. 48. De um ponto de vista puramente psicológico, U. Galimberti define assim a crise: "Momento da vida caracterizado por uma ruptura do equilíbrio precedentemente alcançado e pela necessidade de transformar os habituais esquemas de comportamento que já não se mostram adequados para enfrentar a situação presente" (U. Galimberti, Crisi, *Dizionario di Psicologia*, Torino, UTET, 1992, p. 246).

substância do fato. Pode ser, por exemplo, que o sujeito tenha começado com o propósito de discernir – diante do acontecimento de um enamoramento – se continua com seu projeto vocacional presbiteral ou se o muda, e descobre, ao contrário, que o verdadeiro problema é outro, o de seu estilo relacional, ou de sua liberdade afetiva, ou de sua identidade...

O que importa é que tudo isso agora deveria colocar o sujeito em condições de fazer uma escolha, em um sentido ou em outro. Em liberdade, porque agora pode captar com maior verdade o sentido de tudo o que está vivendo a partir de vários pontos de vista, tantas quantas forem as sensibilidades ativadas.

Aqui, acenamos somente a alguns elementos que ajudam a fazer essa escolha e, portanto, a ativar a sensibilidade decisória e a ter coragem de comprometer-se com uma decisão, de assumir a responsabilidade de dar à própria vida uma orientação exata, de expor-se ao risco mais perigoso para um ser humano: buscar a vontade de Deus e considerar tê-la encontrado.

6.1. Coragem de decidir

O primeiro elemento diz respeito justamente à matéria-prima de um discernimento autêntico, entendendo por esta expressão aquele processo de discernimento que faz nascer uma decisão. Com efeito, alguém poderia discernir sem chegar a fazer uma escolha operacional. Então, o que faz nascer em nós a força de tomar uma decisão? A resposta é simultaneamente psicológica e espiritual: *a força da decisão provém da intensidade do desejo.*

Escolhe-se porque há um desejo intenso que atrai naquela direção; desejar, efetivamente, significa concentrar todas as próprias energias na tensão rumo a algo que a pessoa sente como central para a sua vida. A crise afetiva, vivida através das sensibilidades que vimos, está fundamentalmente relacionada a esta pergunta: *o que há e o que quero que haja no centro de minha vida?* A crise mesma pode ter revelado ângulos obscuros, fragilidades imprevistas, fraquezas pessoais significativas; pode ter havido também comportamentos contraditórios, quedas de estilo e de conduta, mas isso não significa que no centro da vida Cristo já não esteja presente, ou que o sujeito não queira que assim seja. Paradoxalmente, um acontecimento de enamoramento humano pode até mesmo fazer crescer o desejo divino!

6.2. A brasa sob a cinza...

Às vezes, em determinadas passagens existenciais, devemos aceitar que o nosso projeto de consagração ou nosso próprio relacionamento com Deus seja feito principalmente de desejo, ou mais de desejo do que de coerente e generosa conduta de vida (como seria mesmo justo e imprescindível). A crise pode ser um desses momentos que nos deixam no coração (e, conquanto nos deixe no coração) nostalgia de Deus, lamento por quanto pudemos renegá-lo, desilusão amarga com nós mesmos, desgosto de ter preferido outros amores a ele, frustração pela traição... Saudade, lamento, desilusão, desgosto, frustração... não existiriam se não houvesse primeiramente o desejo de Deus, o desejo de que ele seja o único, o centro, o tesouro, a origem e o destino de

Os passos do discernimento

todo afeto pessoal.[19] Por outro lado, não se pode pretender que haja sempre o fogo ardente da paixão por Deus na lareira de nosso coração; não é possível! Às vezes há ou parece haver apenas a cinza naquela lareira, que parece apagada e já não tem condições de aquecer a casa. O importante é que sob a cinza haja a brasa. E a vontade de soprá-la...

Discernir na crise afetiva quer dizer principalmente discernir a presença da brasa e da vontade de soprá-la. E o sofrimento do coração, talvez (ainda) atraído por outros amores, pode ser o momento providencial que faz surgir, para além dessas atrações, não somente a fidelidade do Deus ainda e sempre apaixonado pelo homem, mas também o tição ainda ardente do desejo de amá-lo acima de tudo e de todos, além de nossas contradições e paixões.

Justamente daquele desejo, apesar de tudo ainda aceso, pode nascer a coragem e a decisão de escolhê-lo novamente como o amor da vida e de querer habitar com ele, em sua casa. Qualquer que seja a decisão concreta.

---

[19] É, talvez, o sentido das lágrimas de Pedro, após a traição do Mestre, visto que, como diz Raguin: "É preciso ir até às lágrimas na experiência de que Deus é nosso único amor" (Y. Raguin, *Celibato per il nostro tempo*, Bologna, EDB, 1973, p. 70). Esse sentido é confirmado pela sucessiva resposta do apóstolo às perguntas de Jesus: "Simão, filho de João, tu me amas mais do que estes?". "Sim, Senhor, tu sabes que te amo" (Jo 21,15-19): a crise de infidelidade não obscureceu o amor do discípulo pelo Mestre, ao contrário, fê-lo (re)emergir, tornou-o mais evidente à consciência de Pedro, mais forte e seguro, baseado mais na certeza de que o Senhor sabe do que na presunção humana ("tu sabes que te amo").

6.3. Aquele fio vermelho...

Outro elemento que pode revelar-se significativo e decisivo para orientar a decisão é a *coerência interna* de que deveria ser possível ler entre uma sensibilidade e outra. A partir da sensibilidade psíquica até chegar à espiritual. Como um fio vermelho que permite conectar entre si as várias sensibilidades, e entrever nos vários discernimentos efetuados em cada uma delas uma atitude ou motivação, ou maneira de ser que é constante e se repete de várias maneiras, e que vai em uma direção precisa. E que, portanto, atrai imediatamente a atenção de quem se encontra em discernimento, agilizando enormemente o momento da decisão final, quase provocando-a. É como se sensibilidade psíquica e intrapsíquica, moral, relacional e espiritual dessem, cada uma, um veredicto que sublinha, de modos diversos, uma *mesma* atitude interior de fundo da pessoa, diante da qual a decisão final é menos problemática e mais simples de tomar.

Se, por exemplo, o trabalho na sensibilidade psíquica e, depois, intrapsíquica, faz-me entrever uma sutil tendência a *usar o outro* para meus fins, a qual deriva inclusive de uma *falta de estima* para comigo; se a sensibilidade moral e a relacional, por sua vez, revelam-me a presença de determinada desenvoltura em meu modo de relacionar-me com o outro, *pouco ou nada atenta à minha identidade e à minha responsabilidade* em relação a ele e à sua dignidade; e se, enfim, a sensibilidade espiritual me faz refletir a respeito do apelo de Deus que me pede sair da lógica *do outro-para-mim, do uso-abuso relacional,* para aprender a amar a seu modo e com os sentimentos de seu Filho, a essa altura tenho em

Os passos do discernimento

mãos elementos bastante seguros para ler o sentido da eventual crise afetiva e do consequente envolvimento emotivo-afetivo-sexual com uma mulher. Os vários discernimentos, nos diversos níveis das diferentes sensibilidades, me oferecem, de fato, um quadro exato a respeito de minha tendência em servir-me do outro, na qual aquele envolvimento assume sentido igualmente preciso e funcional à minha situação interior, do qual também o enamoramento será uma consequência, ou responderá a uma exigência-urgência pessoal, a de recuperar o sentido de minha positividade e amabilidade através do outro, ou seja, a mulher a respeito da qual eu pensava estar enamorado e que, agora, descubro ter tentado usar, como confessou T. Merton, "para despedaçar a preensão da tremenda *solidão* do meu coração".[20]

Não deveria ser difícil, a essa altura, entrever a linha decisória a ser assumida.

Obviamente, tudo isso não é automático, nem a convergência é imediatamente evidente. Muita coisa depende da coragem com que o sujeito realizou cada um dos discernimentos atinentes a cada uma das sensibilidades tomadas em consideração. Será tanto mais possível, então, descobrir a convergência quanto mais rigorosa e radical (até à raiz) tiver sido a análise, e verdadeiro o discernimento (além da simples sinceridade) a respeito de cada uma dessas sensibilidades. Por sua vez, quanto maior for a evidência com que aparece aquele dado pessoal nas diversas sensibilidades,

---

[20] Cf. nota 13.

maior será também a evidência da decisão final a ser tomada para o futuro.

6.4. *Rumo a um futuro novo*

O discernimento não é somente uma análise, talvez crítica, daquilo que aconteceu, mas é outrossim e, principalmente, um olhar para ao futuro, ou a decisão de encaminhar-se em determinada direção. Em relação com a crise afetiva de que estamos falando, o discernimento não se resolve ou se conclui com a simples decisão de permanecer ou ir-se embora, de ceder ao assim chamado impulso da carne ou corroborar a própria pertença virginal a Cristo, mas significa colocar-se em termos e com atitude novos diante do futuro.

Depois de um episódio de enamoramento, a pessoa já não pode viver a própria opção virginal como antes. Algo deve mudar. Por isso sublinhamos, falando anteriormente da sensibilidade espiritual, a importância de "deixar Deus entrar na crise", isto é, de colocar-se em atitude religiosa de escuta, a fim de compreender, para além do acontecimento sentimental, o que abandonar e o que adquirir na própria maneira de conceber o celibato, de viver a relação, de querer bem, de deixar-se querer bem, de transmitir o amor do Eterno, de testemunhar aquela boa-nova que é o verdadeiro objetivo da opção virginal, a saber, que somente Deus pode preencher o coração humano e saciá-lo definitivamente...

Nesse sentido, uma crise afetivo-sexual, como já vimos, é acontecimento totalmente natural na vida de um celibatário pelo Reino, marca o constante itinerário evolutivo da vida e as passagens de uma estação à outra que não podem ser inócuas e tranquilas, diz a natureza dinâmica daquela energia tão preciosa, que é a sexualidade, que permanece sempre viva no curso da existência (obviamente!), mas que, a cada torniquete seu, coloca o sujeito diante de novos desafios, novas exigências, novas tentações, novas fraquezas, novas provocações, novas perspectivas... Tal confronto é também, e talvez ainda mais, para o sujeito que escolher ser celibatário por Cristo e que vive uma sexualidade problemática já de saída, visto que não conhece sequer aquele determinado tipo de satisfação natural que dá equilíbrio no plano humano à vida e à personalidade, como é a relação sexual-conjugal.

Por isso, a crise é providencial, deve existir, é momento importante do próprio caminho de formação permanente. E dela se sai, repetimo-lo, não somente – na melhor das hipóteses – com uma escolha de perseverança, como se alguém pudesse contentar-se com aguentar e pronto, mas com um compromisso de fidelidade renovado e reanimado, com se fosse uma nova escolha, a primeira escolha de ser virgem para o Senhor. A alternativa, de fato, não é somente entre permanecer ou ir-se embora, mas poderia amiudadas vezes ser entre o viver um amor ressequido e cheio de concessões, ou um amor apaixonado e rico de mistério, e aberto ao novo.

Por isso a crise não poderia deixar de existir; é o momento oportuno para decidir mudar e crescer, em todo caso. Para compreender que não posso viver minha sexualidade como a vivia quando escolhi essa vocação, com as mesmas motivações, com o mesmo método, com a mesma atitude interior, com a mesma estratégia espiritual para superar os momentos difíceis. Isso funcionou antigamente; hoje, não mais, ou poderia já não ser suficiente. E, portanto, é preciso escolher como viver hoje, depois da experiência mais ou menos longa de vida transcorrida, depois de tantas batalhas nem sempre vencidas, com a consciência mais realista que hoje tenho de mim, mas também e, acima de tudo, do Senhor e de sua fidelidade... No fundo, é ele quem não me permite repetir-me e reciclar-me, visto que me chama cada dia de modo novo e a algo novo!

O discernimento é bem conduzido quando chega a captar essa novidade e a decidir responder a ela.

6.5. *Discernir como quem acredita*

Em uma situação tão humana, como a do presbítero ou do/a consagrado/a envolvido/a em uma relação de amor intenso, assume ainda mais significado e evidência a diferença entre escolha apenas humana e escolha cristã, e junto à tentação de deter-se na primeira.

E digamos logo que, independentemente da decisão final que a pessoa tomará, o importante é que seja uma escolha crente, à luz de critérios bem precisos.

Retomando substancialmente o que dissemos na publicação anterior acerca desse assunto e dessa diferença,[21] e aplicando-o, com alguma especificação ulterior, à situação do consagrado no celibato chamado a discernir a própria crise afetiva, poderíamos, então, dizer assim.

---

[21] Cf. A. Cencini, *Dall'aurora io ti cerco. Evangelizzare la sensibilità per imparare a discernere*, Cinisello Balsamo, San Paolo, 2018, pp. 177-178.

Os passos do discernimento

A escolha *puramente humana* é muito ditada pelo *instinto* ou, em todo caso, por aquilo que alguém experimenta no que respeita aos sentimentos e às atrações ligadas à própria humanidade: são eles que dão ao indivíduo a sensação de fazer uma escolha segura, justamente porque baseada na evidência de quanto o indivíduo sente poderosamente dentro de si, como é, por exemplo, a sensação de estar apaixonado. Deve ser uma escolha *de custo mínimo*, sem nada a perder, sem nenhuma renúncia, e com alta probabilidade de gratificação e prazer; e, no entanto, *sob medida* para o sujeito e *calculada* rigorosamente pelas suas capacidades no nível psicológico e moral; é proibido perguntar-se algo particularmente difícil ou que se experimentou como tal. Por fim, a escolha puramente humana precisa do *conforto do assentimento social*, segue a corrente ou o que todos fazem. E tanto melhor se é feita a dois, não sozinho.

A decisão crente, ao contrário, não está baseada no instinto natural, mas em um *ideal transcendente*; é *arriscada*, é-o *de per si* porque quem obedece na fé corre o risco mais elevado, o de descobrir o mistério da vontade de Deus sobre si, mas é-o em particular no caso de quem aposta – sempre em força daquele mistério – poder privar-se de uma experiência entre as mais belas e gratificantes da vida humana, como é o amor de um homem por uma mulher. Também por isso é escolha *de custo máximo*, visto que é resposta ao amor recebido, e se nasce do amor, tende necessariamente ao dom total de si, ao máximo daquilo que alguém pode dar, com a renúncia – notável igualmente – que isso comporta; está motivada pela *confiança em Outro*, não pelo cálculo das próprias capacidades morais (quem viveu uma crise afetiva geralmente não presume de si), e pensada *segundo o plano de Deus*; portanto, é escolha *corajosa e para sempre, gerida responsavelmente pelo sujeito*, visto que quem escolhe diante de Deus não se sente sozinho e, ao mesmo tempo, faz uma escolha com plena autonomia. É a beleza do discernimento cristão que, de um lado, é fruto maduro do amor; de outro, é o que faz crescer o amor.

6.6. Várias tipologias

Enquanto corroboramos que o que importa são os critérios do discernimento, mais ainda do que o conteúdo do próprio discernimento, observamos outrossim que, efetivamente, dão-se estas diversas tipologias de discernimento:

– Há aqueles que, em uma situação de crise afetiva, realizam um discernimento sério, à luz das várias sensibilidades, normalmente com a ajuda de um guia, e decidem *renovar e motivar novamente* sua escolha de consagração a Deus na virgindade pelo Reino, no sentido anteriormente considerado e, isso não obstante, com uma renúncia igualmente nova, talvez mais custosa, mas principalmente com nova motivação.

– Há aqueles que saem, *depois de um discernimento sério e amiúde também sofrido,* escolhendo outro estado e modo de ser, que sentem ser mais verdadeiro, perante Deus, e mais autêntico para si mesmos, e que é confirmado como tal por quem acompanha o processo. Nesses casos, trata-se de uma decisão correta, favorecida por uma crise que mostrou à pessoa o erro de avaliação feito antigamente, no momento da primitiva escolha vocacional, e que agora as circunstâncias da vida mostraram como não verdadeira ou não expressiva da identidade da pessoa.

– Há aqueles que *não saem e, no entanto, deveriam fazê-lo*. É o caso de quem, vivendo uma situação de grave transgressão, tem medo de admitir a verdade e sua gravidade, ou teme dever renunciar a um sistema de vida, no final das contas, confortável para ele, ou tem medo de uma mudança de vida com todas as suas incertezas e complicações e decide permanecer na concessão mais ou menos total. Ou talvez seria mais exato dizer que não faz nenhuma escolha verdadeira (provavelmente nunca a fez), simplesmente deixa que as coisas sigam em frente como sempre, preferindo continuar a esconder-se habilmente por trás da aparência de uma vida apenas oficialmente correta,[22] mas contradita por uma inautenticidade ou falsidade de fundo, se não do verdadeiro e escandaloso fenômeno, da própria vida.

– Há aqueles que *saem e não deveriam fazê-lo*. Abandonam a escolha feita no passado por outra opção existencial, mas sem motivações adequadas, ou com justificativas insuficientes. Por exemplo, porque – dizem – já não existe a alegria que dá a força para enfrentar determinadas renúncias, e, ao contrário, existe a convicção de poderem ser mais felizes em outro lugar; ou porque a vocação sacerdotal já não os atrai, ou porque descobriram que a formação não foi adequada... Ou são consagrados que não apenas foram infiéis aos compromissos assumidos, mas principalmente que consideram sua queda ou também simplesmente seu enamoramento como sinal inequívoco de outra vocação.

---

[22] Poder-se-ia aplicar a essas personagens a famosa recomendação "si non caste, tamem caute" [se você não pode viver castamente, pelo menos esconda com cuidado suas transgressões], severamente condenada por Tomás (cf. *Super Eph.*, cap. 5, I. 6).

Ou há ainda quem larga tudo (e talvez no fundo do coração não queria) principalmente porque cede à pressão de quem o impele a fazê-lo, e não sabe opor-se à sedução, às vezes particularmente obsessiva, de quem o ilude e confunde.

IV | Discernimento pastoral (e crise conjugal)

Demos agora um exemplo de outra natureza, ou seja, de tipo pastoral, como aplicação do que foi dito até agora aos casos de acompanhamento de casais que se encontram em situações irregulares. Sabemos como esse problema é sempre mais frequente hoje em dia, não havendo contexto civil-social (país, povoado, bairro, paróquia...) em que não haja situações familiares precárias e dolorosas.

1. Sensação de não escuta eclesial

É uma emergência que podemos considerar universal, e que a Igreja intercepta somente uma pequena porção. Seja porque, para muitos, não constitui problema, ou é problema já resolvido com o recurso aos instrumentos que a legislação civil coloca à disposição em matéria conjugal-familiar, seja porque – e referimo-nos a pessoas que acreditam ou, em todo caso, a pessoas que ainda mantêm certo vínculo com a Igreja no âmbito pelo menos afetivo – predomina certa sensação: a de já ter sido excluído de determinada comunhão (ou tradição) eclesial e, portanto, de estar impossibilitado de ter acesso aos sacramentos, ou a de não ser compreendido, e que a Igreja – ou os homens de Igreja – não pode compreender o que acontece e o que se experimenta nesses casos. Quantos deixaram a Igreja devido a assuntos conjugais irresolutos e que não encontraram escuta adequada! Certamente, não por má vontade de ninguém, mas porque, muitas vezes, nessas intrincadas situações, é muitíssimo difícil deduzir as responsabilidades individuais e atribuí-las de modo preciso aos atores individuais do acontecimento. Principalmente se o todo era e é visto à luz de leis e de ordenamentos jurídicos que se presumem falidos para todos os casos e em cada caso.

Este é o aspecto mais inquietante: a impressão de que o problema foi amiúde enfrentado dentro da Igreja no plano quase exclusivo de uma norma ou da norma, sem dúvida em defesa de valores precisos, mas considerados tão indiscutidos e indiscutíveis ("não negociáveis"), a ponto de passarem a segundo plano a absoluta singularidade da situação e a realidade mais humana e existencial da pessoa. Esta, certamente, pode haver transgredido, mas muitas vezes se vê pagando um preço altíssimo por essa transgressão e sem nenhuma alternativa praticável de fato, de modo definitivo e, às vezes, inclusive com pouca atenção a seu sofrimento.[1]

---

[1] Nesse sentido, "um pastor não pode sentir-se satisfeito apenas aplicando leis morais àqueles que vivem em situações 'irregulares', como se fossem pedras que se atiram contra a vida das pessoas. É o caso dos corações fechados, que muitas vezes se escondem até por detrás dos ensinamentos da Igreja 'para se sentar na cátedra de Moisés e julgar, às vezes com superioridade e superficialidade, os casos difíceis e as famílias feridas'" (Discurso conclusivo da XIV Assembleia Geral Ordinária do Sínodo dos Bispos de 24 de outubro de 2015, cit. In: *Amoris laetitia*, 305).

Foi um dos temas tratados no Sínodo dos Bispos sobre a família, celebrado, como sabemos, em duas sessões (2014-2015), em cujo final o Papa Francisco publicou a Exortação Apostólica *Amoris laetitia*, muito esperada e igualmente discutida depois de vir a lume.

Muitos, de fato, esperavam com ânsia o pronunciamento do pontífice acerca de tal problemática, um pronunciamento definitivo, que pusesse fim às discussões também muito acaloradas entre posições um tanto distantes e contrapostas. A solução imaginada por muitos era que o documento pontifício desse uma resposta tanto definitiva quanto articulada às multiformes situações de irregularidade do casal (que são verdadeiramente muitas, muitíssimas!), uma resposta em termos de pertença ou não à Igreja, e de possibilidade de aproximar-se da vida sacramental. Deve-se observar que, se as (contra)posições emersas no sínodo eram aquelas clássicas (conservadores e inovadores), agora havia, ao contrário, um tipo de partido transversal, que reunia uns e outros na espera e na presunção da tomada de posição final e precisa da parte do romano pontífice sobre a *vexata quaestio* [questão incômoda]. Algo que Francisco teve o cuidado de evitar, suscitando as reações que conhecemos.

2. Abuso de autoridade (de baixo)

Adianto que considero o assunto do ponto de vista *psicológico*, por aquilo que, em particular, certas reações à proposta papal significam ou poderiam significar, e não de um ponto de vista moral ou do conteúdo da norma em questão.

É verdade que os dois planos – como sabemos – jamais são inteiramente separáveis, mas também é verdadeiro que normalmente não se dá importância à análise do tipo de expectativa antes e de reação depois, a seus significados subjetivos um pouco ocultos (escondidos ao próprio indivíduo), ou – pelo menos – dá-se muito mais valor ao sentido puramente normativo-doutrinal, ou objetivo, do assunto em discussão.

O que fez, portanto, substancialmente, o Papa Bergoglio? Recusou-se a ser ele quem deveria resolver o problema em todas as suas possibilidades e infinitas formas (prevendo e enumerando todas as eventuais e múltiplas categorias de irregularidades conjugais-familiares), mas dirigiu-se aos sacerdotes, de modo particular, e a todos os que agem na relação de ajuda em tais casos, pedindo-lhes que acompanhem quem se encontra nessas condições, a fim de percorrer juntamente com eles um caminho de discernimento e de integração. Na prática, o papa responsabilizou o agente pastoral que – por definição – não é jamais simples agente, mas um crente que desempenha justamente um ministério de escuta e guia, de acolhimento e de misericórdia, de discernimento e de integração. E nunca em função somente de uma norma, já estabelecida e a partir da qual identificar até que ponto se distancia dela, mas à luz do Evangelho ou da boa-nova da misericórdia do Eterno, que excede regularmente a norma.

Certamente teria sido mais fácil, para quem trabalha no setor, ter indicações precisas de cima; precisas, porque teriam ajudado a reconhecer os vários tipos de irregularidades e remeter o caso particular em questão à correspondente categoria de pertença.[2] A essa altura, teria sido não apenas fácil, mas quase automático aplicar a norma prevista ao caso individual, em obediência às indicações propostas pela autoridade suprema. E ter-se-ia evitado, sempre na ótica de tal expectativa, o risco de avaliações morais diferentes, de um agente a outro, criando confusão doutrinal e desorientação pastoral.

No fundo, a autoridade serve justamente para isso: indicar normas morais vinculantes e uniformes, que, em seguida, cada agente pastoral aplicará lealmente – como bom executor – à prática da vida. Mais ou menos, de fato, como um tabelião. Ou pelo menos assim consideravam – e continuam a considerar – aqueles que pediam ao papa precisamente esse tipo de indicações.

Não há dúvida de que nessa expectativa-pretensão houvesse uma preocupação sincera e louvável com os valores morais e também doutrinais. O problema era e é como colocar-se diante deles e, portanto, sua função não apenas em absoluto, mas na situação individual concreta, existencial, ou o modo de viver aqueles valores, o qual não pode deixar de estar conectado com a história e com o esforço das pessoas que aderem ou aderiram àqueles valores, que gostariam de vivê-los e não serem consideradas excluídos

---

[2] Obviamente podem ser muitas as várias configurações de irregularidade, com vários graus, portanto, de imputabilidade moral. Irregularidade, por exemplo, ligada ao vínculo conjugal ou pseudoconjugal, à situação de separado ou divorciado, de quem pediu o divórcio ou de quem o sofreu, de quem traiu ou de quem foi traído, à presença de filhos de união precedente ou à situação de simples convivência, à estabilidade da nova união...

deles, mas poderiam encontrar-se, a certa altura, na impossibilidade concreta de realizá-los plenamente de imediato.

É claro que, para o agente, é muito mais rápido no plano do tempo, mais simples no que diz respeito ao desperdício de energia, e mais claro do ponto de vista da doutrina, a proclamação do valor e sua tradução em uma norma correspondente que exclui (de fato reconhecendo como imoral) quanto se distancia dela, enquanto é complexo e cansativo buscar e ajudar a buscar aqueles caminhos ao longo dos quais todo crente, com todo o fardo pessoal de erros e contradições, é, em todo caso, chamado a dar um passo adiante, talvez pequeno, qualquer que seja o ponto onde se encontra, na direção do que é bom, agradável a Deus e perfeito, sabendo bem que aquele passo é imperfeito e a estrada permanece longa.

A primeira operação é, por natureza, definida (por uma autoridade) e, por isso, definitiva e segura (não suporta alterações ou exceções), sem grande envolvimento pessoal da parte do agente na eventual relação de ajuda (aquela norma não depende dele); a segunda exige um trabalho sempre novo e a coragem de enfrentar situações inéditas que supõem uma busca subjetiva, certamente à luz de valores objetivos que digam a verdade da vida, mas também marcada por um risco sempre possível de erro, ainda mais advertido – entre outras coisas – quando se trata de ajudar alguém nessa busca. Em resumo, na primeira atitude, prevalece a necessidade de saber como agir e decidir; no segundo, há a disponibilidade (ou o apelo) a acompanhar outros nas sendas às vezes tortuosas da vida, na busca cansativa da verdade e do bem do outro.

Se, portanto, de um lado, essa espera era compreensível, de outro escondia, quiçá, a sutil pretensão de... buscar a via mais segura ou menos complicada, a mais rápida e simples, talvez pedindo à autoridade (até mesmo àquela suprema) que defina aquela norma em si e na sua tradução--aplicação nas múltiplas situações irregulares conjugais, e dispensando-se, assim, da incômoda responsabilidade da busca pessoal. Sem dar-se conta do perigo, assim, de realizar um simples "abuso de autoridade de baixo", da base. Ingenuamente, por certo, mas, mesmo assim, sempre se servindo da autoridade (ou fazendo uso impróprio dela) para estar seguro do resultado, e não assumindo a fadiga adulta de um caminho exposto a incertezas e erros e, portanto, dando uma interpretação um pouco instrumental e interessada do papel da autoridade e da obediência.

Diante de tal leitura obediencial, convém, de fato, perguntar-se: isto é verdadeira obediência? É atitude genuinamente adulta, típica de quem aprendeu a "obedecer" não somente a determinada categoria (os superiores), mas também à vida, às feridas da vida, aos sinais dos tempos, às outras pessoas, aos pobres, a quem é vulnerável e sofre...[3]? Essa "obediência" exprime verdadeiramente responsabilidade, como é típico da autêntica obediência, com todo o risco, mas também com a confiança que implica? Ou, ao contrário, é ditada, pelo menos em parte, pelo medo de

---

[3] Obedecer, aqui, no sentido etimológico de *ob-audire*, como atitude do crente que em todas as circunstâncias, com cada pessoa, em cada uma das relações e realidades da vida leva uma mão ao ouvido para escutar aquele Deus que fala ou está presente em toda circunstância, pessoa, relação, realidade da vida.

quem não quer correr riscos demasiados e confunde a própria obediência com a renúncia a formar uma ideia e uma opinião bem motivadas e radicadas no Evangelho, certamente, para comportar-se consequentemente? E dado que o fenômeno é também coletivo, é essa, e somente essa a obediência que o rebanho dos fiéis deve aos próprios pastores? O verdadeiro obediente é simples executor ("diga-me o que devo fazer") ou o crente que aprendeu a reconhecer o Eterno na brisa de vento leve ou no profundo do abismo da fragilidade humana onde ele mesmo se enfiou? A que obediência fomos educados e estamos educando?

Geralmente, quando se fala de abusos de autoridade, entende-se o processo de corrupção da autoridade no poder, da parte de quem explora a própria posição para oprimir o subalterno ou quem é mais fraco. Não nos damos conta de que outras tantas vezes o abuso é no sentido inverso, vem *de baixo*, dizíamos antes, é – para além da boa-fé do tipo "obediente" – como manobra sutil e politicamente correta a fim de exibir espírito de obediência para fora – de maneira mais ou menos complacente – e, de fato, descarregar sobre a autoridade fadigas e incertezas de um discernimento complicado. Não nos esqueçamos de que alguém pode ser obedientíssimo à autoridade constituída e muito desobediente (ou não *ob-audiens*) em relação à vida!

3. *Amoris discretio* [discernimento do amor]

Voltemos à atitude do Papa Francisco que, talvez nunca como nessa situação, viu-se exposto a interpretações hostis e, às vezes, desencaminhadoras, no sentido de que não pareciam e não parecem captar o significado exato daquilo que o pontífice pretendia dizer, o espírito de suas palavras e de suas indicações.

Se formos além dos conteúdos da proposta ou da sua vertente puramente moral, a fim de captar algumas dinâmicas psicológicas pervagadas por certas reações, individuais ou de grupo, à proposta papal, talvez descubramos elementos interessantes.

O Papa Francisco, no texto pós-sinodal *Amoris laetitia*, realiza determinado tipo de operação, que podemos sintetizar nos seguintes pontos.

3.1. A pessoa antes da norma

Antes de mais nada, o papa não somente evitou entrar no cipoal da casuística, a este respeito infinita, mas tampouco se deteve sobre o aspecto puramente jurídico-moral da conduta a ser examinada. Na casuística, a pessoa frequentemente desaparece, e o julgamento sobre sua conduta parece prescindir de sua história, com seus dramas e seu mistério, e formular-se tomando por base critérios puramente comportamentais, ou uma pertinência a uma categoria (que tipo de pessoa ou de casal fizeram aquele tipo de escolha, ainda que – talvez – por motivos totalmente diferentes e em situações igualmente diversas). Como julgamento anônimo, que poderia ser aplicado a muitos outros, a uma pessoa sem rosto nem história.

Francisco, que conjuga com atenção cordial e instinto natural cada gesto e cada palavra do seu magistério com a lógica da misericórdia do Eterno, não pode permitir esse anonimato que ofende a dignidade do indivíduo e, em nome de tal dignidade, pede que quem vive nessas situações de crise conjugal seja acompanhado individualmente na Igreja, mesmo que não possa encontrar-se em perfeita sintonia e comunhão com ela, ao longo de um caminho de discernimento que, a partir da escuta de sua história, consiga identificar seu lugar na Igreja. É a dignidade sagrada da pessoa que o exige, é direito de cada membro da Igreja (ou que se encontra em sua periferia) ser ajudado no momento de cansaço, é dever de cada agente de pastoral, do presbítero, em particular, ter todo o cuidado para que nenhuma ovelha fique fora do aprisco sem que alguém a busque, mas seja acompanhada para seu interior.[4]

3.2. Consciência a ser formada, não substituída

Ao mesmo tempo, o papa propõe uma imagem bem precisa de seu modo de conceber o primado petrino neste caso: não como aquele que dita as ordens, mas aquele que forma a consciência e a respeita, justamente para que a consciência dos fiéis seja segundo a sensibilidade do Espírito. Antes de mais nada, a consciência dos presbíteros, chamados a acompanhar quem se encontra em dificuldade, e também eles, chamados não a substituir-se à consciência de quem pede ajuda, mas a formar em si mesmos aquela sensibilidade típica que consente escolher o que é agradável a Deus. Como uma transferência de responsabilidades: da autoridade suprema aos seus representantes imediatos, destes a qualquer fiel. Mas é sempre a mesma lógica: uma

---

[4] No próximo capítulo, falaremos, a esse propósito, da "paróquia dos não crentes".

autoridade que faz o outro crescer, não aquele poder que o torna passivo e dependente.

O crente que está vivendo uma dificuldade familiar deve ser ajudado principalmente a formar em si mesmo uma sensibilidade evangélica que o ajude a discernir, ele próprio, a situação e a captar o que naquele exato momento agrada a Deus; não é simplesmente que alguém deve obedecer a normas que lhe chovem do alto.[5]

3.3. Liberdade responsável, não dependência passiva

Por isso, deve ser formada para uma *liberdade responsável*, que é liberdade incômoda e constringe a um sério caminho educativo. Para alguns, pareceu uma blasfêmia; no entanto, indica a verdadeira maturidade cristã. Com efeito, o discernimento revela-se até mesmo mais exigente do que a norma, porque exige passar *da lógica legalista do mínimo indispensável à do máximo possível,* mas também dos cônjuges como "objeto" de pastoral familiar aos cônjuges "sujeito" dela.

Amoris laetitia é como um forte apelo, do fundo do coração, à responsabilidade em várias direções. Antes de mais nada, à responsabilidade *do adulto,* no plano humano, como aquele que corre o risco de buscar, por si só, a verdade e decidir, como aquele que não padece a vida, e até mesmo pode assumir a responsabilidade do outro e de seu próprio caminho de busca.

---

[5]   O sacerdote é chamado a formar as consciências, "não a pretender substituí-las" (*Amoris laetitia*, 37).

É um apelo à responsabilidade do *crente*, que se torna adulto na fé exatamente quando aceita expor-se ao risco mais perigoso da vida, como já mencionamos: buscar com a própria humanidade e sensibilidade o querer do Eterno e, de novo, ajudar o outro a fazer a mesma coisa.

Por fim, o apelo é dirigido à responsabilidade do presbítero, adulto na fé, a quem é confiada uma notável tarefa: a de formar as consciências (muito mais e bem antes da tarefa de decidir a quem dar os sacramentos simplesmente aplicando normas), papel a ser interpretado com coração de pastor, não com a expressão severa do juiz; com a verdade e a delicadeza de quem conhece, por experiência, a fraqueza humana, não com "uma moral fria de escritório".[6]

3.4. Acompanhar, discernir, integrar a fragilidade do casal e da família

Eis, agora, a proposta, articulada em torno de três verbos que conhecemos bem (pelo menos em teoria), mas cuja novidade é determinada inclusive pelo objeto dessa operação pastoral, objeto que talvez não seja totalmente previsível. Trata-se de acompanhar, discernir e integrar *a fragilidade que existe na família e em seus membros*.

É mais um motivo para não se contentar com indicar normas, porque estas, via de regra, veem a fragilidade como fator negativo que sobrecarrega a situação, e tendem, portanto, a neutralizá-las, ou a superá-las e excluí-las, a julgá-las e condená-las. Trata-se, ao contrário, de realizar uma operação até mesmo contemplativa: aprender a reconhecer

---

[6] *Amoris laetitia*, 312.

a fragilidade como lugar em que continua a ser misteriosamente ativa a graça que salva ou o mistério mesmo da encarnação, daquele Deus que vai ao encontro do homem aonde o próprio homem foi parar, e não fica a esperá-lo no lugar aonde deveria chegar. Por isso, como diz ainda Francisco, se havia e se há alguém que teria preferido "uma pastoral mais rígida, que não dê lugar a confusão alguma ... creio sinceramente que Jesus Cristo quer uma Igreja atenta ao bem que o Espírito derrama *no meio da fragilidade*".[7]

Tal atenção vem expressa em três verbos que indicam a sensibilidade específica do pastor, e que aqui simplesmente enunciamos para, em seguida, retomá-los mais amplamente (especialmente o discernir) mais adiante.

a) Acompanhar

Jesus "espera que renunciemos a procurar aqueles abrigos pessoais ou comunitários que permitem manter-nos a distância do nó do drama humano, a fim de aceitarmos verdadeiramente entrar em contato com a vida concreta dos outros e conhecermos a força da ternura. Quando o fazemos, a vida complica-se sempre maravilhosamente".[8] Como muda, de fato, a visão dos problemas familiares quando o padre ou quem faz o acompanhamento tem a humildade de colocar-se ao lado e escutar, de suspender por um momento os próprios julgamentos, de buscar compreender o sofrimento sempre oculto nesses dramas, sofrendo junto... Francisco tem razão: é uma complicação

---

[7] Ibid., 308 (sublinhado meu).

[8] *Evangelii gaudium*, 270, cit. in: *Amoris laetitia*, 308.

maravilhosa! Que talvez coloque em crise também certa visão moral do problema, ou, em todo caso, faz-nos compreender que é preciso ir além daquela visão.

b) Discernir

O caminho da Igreja é o de não condenar eternamente ninguém, mas de derramar a misericórdia de Deus sobre todas as pessoas que a pedem com coração sincero. Portanto, "temos de evitar juízos que não tenham em conta a complexidade das diversas situações e é necessário estar atentos ao modo como as pessoas vivem e sofrem por causa da sua condição".[9]

O apelo de Francisco é explícito e é inquietante. Infelizmente, é possível estabelecer uma relação pastoral, a que chamamos também relação de ajuda, sem estar atentos ao modo segundo o qual as pessoas vivem e sofrem...

c) Integrar[10]

"O caminho da Igreja, desde o Concílio de Jerusalém em diante, é sempre o de Jesus: o caminho da misericórdia e da integração...Trata-se de integrar a todos, deve--se ajudar cada um a encontrar a sua própria maneira de

---

[9] XIV Assembleia Geral Ordinária do Sínodo dos Bispos, Relatio finalis de 24 outubro de 2015, 51; cit. in: *Amoris laetitia*, 297.

[10] Já indicamos tal verbo como uma das atenções pedagógicas fundamentais para realizar corretamente um discernimento (cf. cap. 1, parágrafo 4.2c); não há nada de estranho que o Papa Francisco indique tal atitude como uma das disposições específicas do agente pastoral para ajudar os casais em dificuldade para discernir.

participar na comunidade eclesial, para que se sinta objeto duma misericórdia 'imerecida, incondicional e gratuita'."[11]

Por isso, o sacerdote deve "escutar, com carinho e serenidade, com o desejo sincero de entrar no coração do drama das pessoas e compreender o seu ponto de vista, para ajudá-las a viver melhor e reconhecer o seu lugar na Igreja".[12] Ele próprio, então, poderá contemplar o que Deus realiza na fragilidade humana!

3.5. Mudança doutrinal?

Falávamos das críticas, inclusive muito vívidas, sendo que a mais grave dentre elas censura substancialmente o Papa Francisco de haver intervindo no conteúdo doutrinal, modificando-o. Não entro no mérito da questão moral, dado que minha abordagem é diferente, mas faço apenas algumas observações mais a partir de minha vertente.

a) Sensação de incompetência

A reação negativa dos encarregados dos trabalhos (padres, portanto, em particular, mas não só) não é absolutamente estranha, mas mais do que compreensível. No fundo, expressa a sensação de surpresa diante de uma proposta de algum modo inédita, ou que, seja como for, não segue na direção a que por muito tempo se estava acostumado, a da norma ou, ainda antes, do princípio modal codificado em leis de comportamento que o agente pastoral

---

[11]   *Amoris laetitia*, 296-297.
[12]   Ibid., 312.

deve simplesmente aplicar à situação concreta da pessoa ou do casal em questão.

Devemos reconhecer que não recebemos esse tipo de formação e, portanto, é-nos difícil julgar por nós mesmos o que é justo, porque, como diz Scalia, com a costumeira perspicácia: "Não somos livres, ...porque é cansativo sê-lo, porque temos medo de errar, porque nos disseram que é mais seguro e tranquilizador abandonar-nos nos braços da Santa Igreja Romana, porque há demasiado tempo temos pavor da responsabilidade".[13] E poderíamos continuar: não julgamos nós mesmos o que é justo porque não aprendemos a assumir o discernimento como estilo habitual do crente (certamente não podemos adotá-lo como estilo pastoral, para ajudar outros a discernir, como pede o Papa Francisco), porque "se acredita e pronto", ou é suficiente e menos complicado ser obedientes, visto que ... "quem obedece jamais erra",[14] porque é mais simples e cômodo delegar escolhas e juízos ao parecer de um líder ou de pessoas carismáticas, porque permanece ainda o equívoco de que julgar sozinho seja sinal de presunção, soberba, autonomia, despreparo..., e crie somente confusão, divisão, contestação e, às vezes, até mesmo dispersão e destruição do tecido relacional e comunitário...[15]

---

[13] F. Scalia, Perché non giudicate da voi stessi?, *Presbyteri*, 51 (2017), p. 321.

[14] E, no entanto, também quem obedece pode errar se diz sim somente ou principalmente por medo ou por obséquio, ou para obter vantagens.

[15] Cf. A. Cencini, *Dall'aurora io ti cerco. Evangelizzare la sensibilità per imparare a discernere*, Cinisello Balsamo, San Paolo, 2018, p. 192.

Na origem dessa reação há, portanto, também um problema de baixa autoestima que cria sensação de incapacidade, de incompetência, de medo de não estar à altura. Mas também uma não compreensão do sentido verdadeiro do discernimento na vida do crente.

b) "Carne macia"

A outra observação é mais em relação ao próprio Papa Francisco, acusado de ter subvertido a doutrina sobre a moral conjugal-familiar. Não há dúvida de que a abordagem desse papa seja uma abordagem eminentemente pastoral que visa a transformar o "depositum fidei" em um patrimônio de vida que cresce no tempo. Mas, como observa justamente Biemmi, em uma reflexão sobre a *Evangelii gaudium* que podemos aplicar inclusive a *Amoris laetitia*, justamente *na medida em que é verdadeiramente pastoral, a abordagem de Francisco é verdadeiramente doutrinal*, "porque é doutrinal na fé cristã somente o que é realmente pastoral, e que permite a todos chegar à graça da Páscoa... A abordagem pastoral da fé, que implica a assunção da história e da vida em toda a sua complexidade, salva a doutrina, impede-a de tornar-se ideologia, confere-lhe seu sentido salvífico profundo".[16] Desse modo, Francisco e todo o seu magistério "pastoral" restituem a Deus o nome com o qual ele se revelou: o misericordioso; ou seja, restitui vida a Deus e carne macia à doutrina da Igreja, conseguindo manter unidos dogma e história, doutrina e vida, Evangelho e experiência humana,

---

[16] E. Biemmi, Nella luce della pastoralità. Una lettura della *Evangelii gaudium*, Testimoni, 4 (2017), p. 44.

teologia e antropologia, fidelidade a Deus e ao homem. E, particularmente, norma objetiva e escolha subjetiva.

Devemos, portanto, reconhecer que as objeções de quem diz que o Papa Francisco mexe com a doutrina são legítimas, mas não no sentido entendido por eles. Ele intervém certamente na interpretação autorizada da doutrina, mas justamente porque, desse modo, torna-a viva e vivida na existência real das pessoas, consente-lhes dar, mas também receber sentido a partir dessa existência, torna-a sensível, particularmente aos traços sofridos desta, deixando-se interpelar e forçando-a, de algum modo, a colher ainda mais profundamente o sentido salvífico e torná-lo mais evidente e vivível. Não muda indiscriminadamente a doutrina, mas valoriza-a plenamente no momento em que a torna objeto de um discernimento trabalhoso, como um tesouro a ser descoberto por parte de quem busca com paixão. Papa Francisco crê-o firmissimamente: "A doutrina cristã não é um sistema fechado incapaz de gerar perguntas, dúvidas, interrogações, mas é viva, sabe inquietar, animar. Tem uma face não rígida, um corpo que se move e se desenvolve, tem a carne macia:[17] a doutrina cristã chama-se Jesus Cristo".[18]

---

[17] A expressão "carne macia" contém mais conotações: é viva, não é imóvel, é permeável à vida humana, às suas vicissitudes, a seus sofrimentos.

[18] Francisco, Encontro com os Participantes do V Congresso da Igreja Italiana, Florença,10 de novembro de 2015.

Os passos do discernimento

3.6. *Amoris laetitia e amoris discretio*

O problema então, se este é o sentido profundo do apelo contido em *Amoris laetitia*, não é somente da formação "técnica" de uma adequada capacidade de acompanhar, discernir e integrar casais em crise por parte de agentes pastorais e padres, à luz da teologia moral, mas antes, é problema de maturidade geral para estes últimos, fruto de um caminho pessoal de discernimento do amor que salva e torna livres, e que agora dá a liberdade de acompanhar o caminho de outros. Mas sempre à luz daquele modo de entender a doutrina cristã não como um pacote de leis e de preceitos, mas como a pessoa viva de Jesus Cristo.

O problema é, de novo e principalmente, o de possuir a mesma *sensibilidade*. É somente esta que poderá colocar em condições de realizar um discernimento e de educar a discernir, e de discernir o amor que há na vida, em toda vida e em toda história, *por força* do amor já recebido e em vista do amor a que toda vida, sem exceção e a cada momento, pode abrir-se: um *amoris discretio* [discernimento do amor].

O mesmo discernimento, todavia e como bem sabemos, é questão de sensibilidade: aprende-se a escolher bem na medida em que se aprende a *sentir e a apreciar* dentro de si o que é agradável a Deus, o verdadeiro, o belo e o bom. E isso passa através de um trabalho paciente e constante sobre as sensibilidades individuais que estão envolvidas no momento em que o presbítero se coloca ao lado de um casal em dificuldade para discernir não tanto a decisão humana a ser tomada quanto ao trabalho divino da graça.

E estamos novamente no *amoris discretio*!

V PEDAGOGIA DO DISCERNIMENTO PASTORAL

Mantenhamos sempre a mesma lógica argumentativa e passemos agora à aplicação dos princípios pedagógicos que acabamos de ver à dinâmica do discernimento. Repito o que foi dito no início a respeito da perspectiva específica deste livro: não pretendo tratar aqui do problema das normas e dos princípios morais enquanto tais, mas daquela atitude interior ou das sensibilidades com que um agente pastoral enfrenta problemáticas particulares, como aquelas daqueles indivíduos ou casais, que vivem em uma situação de irregularidade.

Mais concretamente, então, trata-se agora de indicar, ativar e integrar aquelas várias sensibilidades que, de um lado, entram inevitavelmente em jogo na relação de ajuda, enquanto, de outro, devem explicitamente ser objeto de atenção e formação de quem guia. Para poder, depois, ativá-las em quem está sendo acompanhado. Se, de fato, não devemos substituir-nos à consciência de outrem, é, no entanto, tarefa fundamental do guia formar uma autêntica consciência, ou uma sensibilidade moral e espiritual adequada.

Obviamente, encontraremos algumas sensibilidades que já vimos em ação no outro tipo de discernimento (o pessoal), e é perfeitamente natural. Cada discernimento é único não somente por causa das sensibilidades que ele coloca em movimento, mas por causa da relação que se estabelece entre uma sensibilidade e outra.

1. Sensibilidade pastoral: "O Bom Pastor deixa as 99 ovelhas no aprisco e vai em busca da ovelha perdida" (Lc 15,4)

O adjetivo "pastoral" é clássico e indica toda uma série de atenções e atitudes que são típicas do pastor, do bom pastor, e que talvez seja supérfluo recordar. Aqui gostaria de sublinhar somente alguns aspectos que me parecem merecer uma consideração particular na formação do autêntico pastor.

1.1. Pastor belo e bom

O pastor, de acordo com o que diz o Evangelho, ou conforme Jesus o apresenta, o *Bom Pastor*, como um misto de beleza e de bondade, não é aquele que espera, mas toma a iniciativa, percebe quem se encontra em situações complexas, nota ausências, intui dificuldades, percebe expectativas... E age consequentemente, não fica simplesmente a esperar que alguém tenha necessidade dele ou vá fisicamente onde ele mora e recebe (talvez com hora marcada), mas de algum modo toma a iniciativa.

Não estou a dizer que o padre-pastor deva invadir e intrometer-se em situações que exigem grande delicadeza e respeito, mas que deve observar muito atentamente a imagem que ele passa da Igreja a quem vive nessas situações irregulares. Muitas vezes, de fato, como já acenamos no começo do capítulo anterior, as pessoas têm a sensação de uma não escuta eclesial, de uma indisponibilidade da parte dos homens de Igreja para compreender situações particulares, como se sentissem sobre si um julgamento inexorável e final. Portanto, o padre-pastor bom deve fazer de tudo para desmentir essa imagem de uma Igreja feita de leis e de doutores da lei, e propor a experiência de uma Igreja como casa sempre aberta, na qual cada um se sinta acolhido para buscar e encontrar seu lugar. O que não quer dizer ausência de normas ou apatia ético-moral, nem estratégia pastoral vagamente tolerante, mas anúncio de um Deus que está em busca perene do homem, especialmente de quem se extraviou, que é seu predileto; é prioridade dada, portanto, ao homem, para que ninguém se sinta abandonado, qualquer que seja a situação existencial em que se encontre.

E, assim, voltamos ao problema talvez central em tudo isso, que é totalmente diverso de um problema apenas de disciplina eclesiástica e de normas comportamentais; o problema é o do rosto de Deus que anunciamos: Pastor belo e bom, ou autoridade que controla e julga?

1.2. Paróquia dos não crentes (e segundo anúncio)

Certamente, hoje, o problema não é somente daqueles que percebem e sofrem sua eventual situação de irregularidade em relação à lei moral da Igreja, mas daqueles que... não sofrem absolutamente tudo isso, estão tranquilos.

Não é fácil dizer como agir, no plano pastoral, em tais casos (que são sempre mais numerosos), mas é justamente com essas pessoas que se manifesta a sensibilidade do autêntico pastor. Este continua a considerá-las parte de seu rebanho, não as ignora pelo fato de que parecem não estar interessadas em alguma proposta da Igreja; sua pastoral não é somente de manutenção das posições alcançadas ou de proteção exclusiva daqueles que estão tranquilos dentro do aprisco; não se contenta com repetir a mensagem àqueles que já a acolheram, não torna dignos de sua palavra e de sua obra somente os "regulares" ou os bons, mas lança a semente também pela estrada ou entre arbustos, e espinhos, e pedras (cf. Mt 13,1-13), e lança seu olhar para além do recinto, justamente com a disposição interior do Bom Pastor, que "deixa as 99 no aprisco e vai em busca da ovelha perdida",[1] visto que ele é o "Pastor de cem ovelhas, não de noventa e nove. E quer tê-las todas".[2]

O que importa é exatamente a disposição interior, o coração e a paixão com que o pastor segue estas pessoas: não as olha de soslaio, mas consegue fazer com que se sintam parte da comunidade, talvez as provocando a dar, em todo caso, sua contribuição, ou aproveitando determinados momentos estratégicos da vida (o nascimento de um filho, o acesso aos sacramentos de algum filho, a perda de uma pessoa cara, um malogro existencial, uma crise relacional, o senso de precariedade, uma enfermidade séria...) a fim de repropor verdades talvez jamais nem interiorizadas nem personalizadas profundamente, ou colocadas de lado ou

---

[1] Já é interpretação comum dessa passagem do Evangelho a leitura com números invertidos da proporção indicada por Jesus entre os que permanecem, que seria apenas um, e os que se desgarram, os 99 restantes. Pode-se dizer que o pastor moderno se encontra em uma situação mais complicada... É ainda mais necessário, portanto, ter o coração do Bom Pastor!

[2] *Amoris laetitia*, 309.

Os passos do discernimento

esquecidas de maneira demasiado apressada,[3] e que agora a vida poderia permitir escutar e deixar ressoar de maneira diferente.

A Igreja não deixa sozinhas as pessoas nessas situações confiadas à própria consciência, mas as acompanha, aproveitando cada momento de possível contato, dando-lhes testemunho, em todo caso, da misericórdia de Deus e ficando "atenta ao bem que o Espírito derrama no meio da fragilidade", como "uma Mãe que, ao mesmo tempo que expressa claramente a sua doutrina objetiva, não renuncia ao bem possível, ainda que corra o risco de sujar-se com a lama da estrada".[4]

É interessante o que diz a respeito o escritor e psiquiatra V. Andreoli, justamente a partir de sua experiência pessoal de indivíduo, a seu tempo, distante da Igreja, crítico inclusive severo em relação a ela, e igualmente sensível àquele apelo interior que o faz dizer e pedir à própria Igreja que institua um tipo de "paróquia para os não crentes", porque também eles têm necessidade de espiritualidade, de um guia, de palavras de vida, de confronto pessoal, de pontos de referência de valores, de dúvidas salutares sobre certa presunção do não crente, mas também de esperança e de certeza, de uma casa onde se sentir acolhidos com seus problemas... Têm necessidade, tudo somado, de uma relação com quem, com ânimo livre de interesses demasiado subjetivos e "paroquiais", de proselitismo ou de poder, que

---

[3] Seria aquilo a que E. Biemmi chama "segundo anúncio" (cf. E. Biemmi, *Il secondo annuncio. La grazia di ricominciare*, Bolonha, EDB, 2011).

[4] *Amoris laetitia*, 308.

levam a excluir e a fixar estacas, possa despertar-lhes no coração saudade de verdade e coerência de vida. Para serem mais felizes.[5]

Se para alguém, pois, parece excessiva e imprópria a ideia de uma paróquia para os não crentes ou dos não crentes, não é de modo algum a sensibilidade pastoral de quem se sente mandado principalmente a buscar quem parece estar desgarrado por trás de uma falsa imagem de Deus.

2. Sensibilidade relacional: "Um samaritano... viu e moveu-se de compaixão" (Lc 10,33)

A primeira expressão do coração do pastor é a atenção ao outro, particularmente a quem se encontra em determinadas situações. Como precisamente aqueles que vivem uma relação irregular, no plano conjugal-familiar.

2.1. Relação como um dom

O pastor deveria ouvir esta porção do rebanho como aquela mais necessitada de cuidado e de um remédio não genérico e válido para todos, mas calculado a cada vez segundo a situação de cada um. Em resumo, não é uma exceção a atenção aos casais irregulares, e é uma atenção que deveria manifestar-se acima de tudo no cuidado com que o pastor vive a relação em geral com todos e com tais pessoas em particular, no interesse pessoal em relação a elas,

---

[5] A respeito dos traços de tal paróquia, cf. A. Cencini, *Prete e mondo d'oggi. Dal post-cristiano al pre-cristiano*, Cinisello Balsamo, San Paolo, 2010, pp. 138-150.

Os passos do discernimento

na familiaridade do relacionamento que chega até a amizade, no deixar-se aproximar e querer bem, na partilha de valores e interesses comuns (por exemplo, o padre que se mostra educador eficaz de jovens, preenchendo, às vezes, um vazio educativo deixado pelos pais).

Tudo isso como um dom, independentemente de todo interesse, como dissemos, porque somente o que é dado gratuitamente derruba eventuais defesas e pode funcionar como premissa e abrir uma relação que se aprofunda. E chega, pouco e pouco, a tocar a vida inteira e o que lhe dá sentido, sem excluir a situação moral da pessoa e suas escolhas de vida. Colocando-a diante da pergunta que não deixa escapatória e que cada ser humano inevitavelmente se faz: "Sou realmente feliz? Estas escolhas deram e estão dando sentido e alegria aos meus dias? Seria capaz de repeti-las?".

Não é difícil que a relação alcance esses níveis; ou no mínimo podemos dizer que a pessoa que vive determinados problemas sente precisamente a exigência de enfrentá-los com quem lhe demonstrou sinceridade e simpatia, estima e afeto.

2.2. Relação como olhar misericordioso

O padre deve compreender, de resto, que não tem nenhum direito de pretender a abertura e a confiança alheias, nem de ser considerado necessariamente o conselheiro ou o guia, o amigo ou o sábio, e muito menos o juiz que dirime questões e emite sentenças. Nem a assim chamada "graça de estado" nem o papel institucional devem ser entendidos em sentido mágico, como se funcionassem automaticamente. Ele deve conquistar no campo crédito e confiança. Que o outro não reconhece a todos os que pertencem à categoria, mas somente a quem, de fato, dá-lhe compreensão e, ainda mais concretamente, dá-lhe também o próprio tempo e intui um pedido de ajuda, ainda que implícito; ou a quem leva a sério problemas e sofrimentos alheios, e interrompe outras coisas e atividades pessoais quando está diante de quem tem necessidade dele; a quem é capaz de verdadeira escuta, e coloca o outro no centro de sua atenção no colóquio, a ponto de estar totalmente ali, diante dele, sem nenhuma distração ou... conexão, visto que quem lhe pede ajuda é a pessoa mais importante para ele naquele momento, mais importante inclusive do que seus interesses. E o outro o sente. Sente principalmente que é compreendido em sua dificuldade e sofrimento particular, antes mesmo de ser julgado por sua conduta e de ser olhado com olhar bondoso e pleno de misericórdia. Por quem já experimentou primeiramente na própria vida, e justamente por isso pode demonstrá-la com naturalidade e sinceridade, sem suficiência ou aquela compaixão mal-entendida que humilha e ofende.

Por isso o Papa Francisco nos recorda que "somos chamados a viver de misericórdia",[6] a praticá-la em circunstâncias particulares, uma vez que ela é o "coração pulsante do Evangelho"[7] e "a arquitrave que suporta a vida da Igreja",[8] e nos recomenda não colocá-la sutil mas falsamente em contraste com a justiça, visto que, ao contrário, "a misericórdia

---

[6]   *Misericordiae vultus*, 12.

[7]   Ibid.

[8]   *Evangelii gaudium*, 47.

é a plenitude da justiça e a manifestação mais luminosa da verdade de Deus".[9]

Se o Bom Pastor é o modelo de toda sensibilidade pastoral, o bom samaritano, ícone de um coração misericordioso, é-o para quem quer aprender a sensibilidade relacional. E suscita muita inquietação pensar que Jesus tenha usado a figura do padre e do funcionário do culto para dar-nos o exemplo negativo, a imagem tristíssima do padre frio e sem emoção, que olha o pobretão e não sente nada, e segue reto a fim de celebrar um culto que jamais poderá ser agradável a Deus...

3. Sensibilidade empática: "... fazendo-se semelhante ao ser humano" (Fl 2,7)

Estamos entrando sempre mais no contexto do encontro pessoal, do relacionamento direto, onde o outro se abre e se confia. É aqui que o agente pastoral é chamado a assumir certo tipo de atitude, algo que não é assim espontâneo e natural e que supõe um sério caminho de conversão da própria sensibilidade.

Trata-se da *empatia*, qual característica da sensibilidade de quem quer acompanhar e ajudar o outro a realizar a verdade em sua vida. Qualidade que, em todo caso, deve ser compreendida corretamente.[10]

---

[9] *Amoris laetitia*, 311.

[10] Na reflexão que se segue, inspirei-me no valioso estudo de R. Capitanio, Com empatia, *Ter Dimensioni*, 1 (2010), pp. 8-16.

3.1. Com os olhos e a sensibilidade do outro

Empatia não é simpatia, nem se reduz à técnica, visto que implica um envolvimento de todo o ser; não é fusão nem anulação das diferenças com o outro, visto que respeita e mantém a diversidade de julgamento; não é simples transmissão de calor ou de doçura, nem apenas acolhida incondicionada, porque a empatia quer oferecer-se também como lugar e instrumento de transformação.

Empatia é, se tanto, uma tentativa de colocar-se no lugar do outro para ler os acontecimentos de sua experiência, a partir de *seu* ponto de vista, portanto, como *ele* os vê, vive e sofre. Nesse sentido, empatia é solidariedade, inclusive se permanece neutra e independente a respeito de cada escolha de campo e de valor. É abrir espaço em nós ao sentir do outro, deixar que aquele sentir faça morada na nossa casa para poder tratá-lo, acolhê-lo e talvez curá-lo; até o momento em que o outro se demonstre pronto a retomá-lo, à sua vez, em sua casa como coisa que lhe pertence e com a qual é possível conviver, mas que, a certo ponto, pode decidir mudar. Por isso, Francisco convida "os pastores a escutar, com carinho e serenidade, com o desejo sincero de entrar no coração do drama das pessoas e compreender o seu ponto de vista".[11]

Por outro lado, empatia é sintonizar-se sem fazer-se contagiar, é entrar na vida do outro para, em seguida, retornar à própria; participar sem possuir, partilhar sem condicionar. Somente pode empatizar quem tem sólido senso do próprio eu e não faz a própria estima depender da aceitação de outrem.

---

[11] *Amoris laetitia*, 312.

3.2. *Suspensão do juízo pessoal*

Por conseguinte, sentir empatia significa uma operação, ou uma não operação que não acontece de maneira alguma naturalmente em determinado tipo de presbítero, habituado a avaliar, julgar, reconhecer e condenar erros, ou seja, a *suspensão do próprio julgamento*. Especialmente na fase inicial do relacionamento. Certamente chegará o momento em que deverá exprimir certa avaliação, mas deve estar muito atento a não antecipar tal momento. E não só porque isso teria como efeito o bloqueio da comunicação, e o outro se sentiria não suficientemente escutado e tratado apressadamente, como um caso entre tantos e semelhante a tantos outros, mas porque ele próprio – o agente pastoral – ainda não tem todos os elementos para chegar a uma avaliação. A empatia permite recolher todos os fatores que entram em jogo, deixando em modo de espera, por assim dizer, um julgamento moral que ainda seria prematuro e, portanto, provavelmente não conforme a toda a verdade.[12]

Por outro lado, para dialogar com uma pessoa, é preciso partir de onde ela se encontra, no caso em questão, de sua situação de irregularidade, como, aliás, Deus mesmo fez com a humanidade inteira através de sua encarnação, e como continua a fazer com cada um de nós; do contrário,

---

[12] Para o *Catecismo da Igreja Católica*, "a imputabilidade e responsabilidade dum ato podem ser diminuídas, e até anuladas, pela ignorância, a inadvertência, a violência, o medo, os hábitos, as afeições desordenadas e outros fatores psíquicos ou sociais" (n. 1735). E ainda, em outra passagem, são consideradas situações atenuantes da responsabilidade moral: "... a imaturidade afetiva, a força de hábitos contraídos, o estado de angústia e outros fatores psíquicos ou sociais" (n. 2352). Ambos os textos são citados em *Amoris laetitia*, 302.

não acontece a conexão. Partir de onde ela se encontra significa sintonizar-se com sua sensibilidade, usar um tipo de comunicação que seja compreensível a ela, perceber seu modo usual de sentir, de pensar e de reagir à vida, buscando o máximo possível interceptar seu estilo de personalidade, justamente a fim de compreendê-la melhor.

Somente a essa altura é que o outro não só se sente escutado e não julgado, mas recupera a segurança, individua e exprime de modo mais preciso os próprios estados emotivos, consegue captar novos aspectos de si. E sente-se encorajado a continuar no abrir-se e narrar-se.

3.3. Liberdade de mudar e de discernir

A escuta empática é, portanto, gesto totalmente altruísta e relacional: o coração da empatia, com efeito, é o outro, o que ele é, o que ele vive. O ato empático é realizado sim, do eu, do meu eu, mas me leva para além de mim mesmo, a reconhecer meu semelhante em sua alteridade, aliás, a fazer minha uma vivência que permanece inequivocamente do outro, a viver intimamente e talvez com intensidade algo que, em todo caso, não me pertence: é *sua* alegria, é *sua* dor.

E eu aproximo-me dele para que se sinta compreendido, e não para afirmar minha capacidade de julgamento ou para ser reconhecido em minha capacidade de participar da vivência de outrem, ou de ativar no outro processos de mudança.

Na realidade, na verdadeira empatia não é somente o outro que é compreendido e talvez mude, mas é quem escuta empaticamente que vive uma experiência de transformação de si. A empatia, de fato, provoca um tipo de

OS PASSOS DO DISCERNIMENTO

dilatação da própria identidade, além dos próprios sólitos confins, além dos caminhos batidos habitualmente, talvez além inclusive da própria experiência de Deus. Deixando ressoar dentro de si uma experiência diferente, a mesma interioridade da pessoa empática pode aprofundar-se. E compreender realidades antes vistas somente de longe.

E, talvez, justamente esse seja o verdadeiro sentido do cristão "fazer-se próximo", tão próximo, a ponto de deixar que a empatia alargue os horizontes de minha experiência. Ou a ponto de consentir que experiências que me eram desconhecidas me possam abrir um fragmento de humanidade a que eu era estranho e fazer-me conhecer traços de humanidade que se ocultam no sentir do outro, inclusive nas situações de casais irregulares, onde amiúde um bem verdadeiro e tenaz, embora sutil e imperfeito, continua a ser misteriosamente misturado ao seu contrário, como tendo crescido junto a ele e, talvez, seja mais forte do que ele ou poderia tornar-se mais forte. Mas, sem dúvida, seria injusto ignorá-lo, ou – como narra a parábola da cizânia (cf. Mt 13,24-30) – pretender condenar e destruir tudo. Assim, ao contrário, quem acompanha, antes de mais nada, discerne aquele bem e começa a discernir também a maneira de promovê-lo e fazê-lo crescer.

A empatia é que consente esse início de discernimento.

4. Sensibilidade atenta à dor: "Minhas lágrimas recolhes no teu odre" (Sl 56,9)

Há outra passagem fundamental no caminho de acompanhamento de pessoas em dificuldade. É uma passagem que não exige apenas certa competência e habilidade, mas uma atitude espiritual precisa, fruto de uma experiência de Deus igualmente precisa, feita por quem agora é companheiro e guia no caminho. Tal atitude está na base da capacidade relacional.

4.1. A prioridade ao sofrimento do outro

Em geral, sabemos bem que o problema, nesses casos, é colocar juntas a norma e a vida, ou a indicação canônica com a vivência das pessoas em questão. Assim como sabemos que quem se encontra em uma situação irregular, no plano conjugal ou familiar, normalmente passou por uma experiência de incompreensões e fadiga relacionais, de dificuldades inclusive graves; em substância, de sofrimento. Não é sempre fácil conjugar a norma, que por natureza é geral e diz respeito a todos (posto que visando ao bem do indivíduo), com a vivência absolutamente única e complexa da pessoa individualmente em questão.

Pois bem, há uma expressão de Bonhoeffer, homem e mártir da sensibilidade tanto humana quanto cristã, que oferece uma indicação precisa: para compreender e avaliar as pessoas, inclusive no plano moral, "devemos aprender a avaliar os homens mais por aquilo que sofrem do que pelo que fazem ou não fazem".[13] Eis por que é indispensável um

---

[13] D. Bonhoeffer, Dieci anni dopo. Um bilancio sul limitare del 1943, *Resistenza e resa. Lettere ed altri scritti dal carcere*, Brescia, Queriniana, 1988, p. 66. Citei esta frase na publicação anterior, falando da formação dos sentimentos naquele que acompanha o caminho de outros rumo à maturidade humana e cristã, mas me parece muito mais pertinente inclusive neste contexto (cf. A. Cencini, *Dall'aurora io ti cerco. Evangelizzare la sensibilità per imparare a discernere*, Cinisello Balsamo, San Paolo, 2018, pp. 116-117).

caminho de acompanhamento, porque somente dentro dele é possível aquele tipo de atenção e compreensão que permite chegar ao coração dolente. Operação que, ao contrário, é muito difícil se se procede à força de indicações normativas e canônicas. Não que uma modalidade exclua a outra, mas, no ser humano, há como que uma prioridade a ser respeitada, se se quer verdadeiramente chegar a compreender também o alcance moral do gesto. A atenção explicitamente manifesta ao sofrimento do outro não diminui nem atenua a conotação moral de suas ações, mas permite, ao contrário, compreendê-la mais profundamente, colocando aqueles gestos em seu contexto natural, que é a vivência real da pessoa, o único que pode desvelar-me o verdadeiro sentido no plano subjetivo.

E é somente assim, em todo caso, que nasce e se aperfeiçoa a genuína sensibilidade moral do agente pastoral, equilibrando ou até mesmo invertendo uma tendência oposta, que nos torna atentos principalmente ou quase exclusivamente ao dado objetivo, aos comportamentos e às transgressões, e pouco cônscios em relação àquilo que a pessoa sofreu e continua a sofrer, às vezes até mesmo sem levar em conta tal sofrimento, como se fosse irrelevante para compreender a pessoa e a dimensão moral de seu agir.[14] Certo tipo de moral, embora correta em si, e certo tipo de boa-fé

---

[14] Sempre na lógica do Papa Francisco, rigoristas e laxistas têm um único defeito, que é o de não entender a pessoa, de não respeitá-la. Somente a atitude de misericórdia pode respeitar a pessoa e consentir conhecê-la (cf. Discurso do Papa Francisco aos Párocos da Diocese de Roma, 6/III/2014, 3; cf. também *Amoris laetitia*, 296-297.308-310.311)

podem, na realidade, tornar-se superficiais na abordagem da humanidade do outro e de sua dor. Ao contrário, é justamente essa atenção global à pessoal que permite distinguir o juízo sobre a situação da avaliação sobre a pessoa mesma: "Um juízo negativo sobre uma situação objetiva não implica um juízo sobre a imputabilidade ou a culpabilidade da pessoa envolvida".[15] Em conclusão, é o princípio psicológico da *amabilidade incondicional e radical* de todo ser humano, que pode ser menos amável e menos digno de estima pelo que *faz*, mas é sempre digno de ser amado e estimado pelo que *é*.[16] Quem quer soerguer o outro de uma situação existencial complicada e também negativa deve ser capaz de transmitir essa mensagem positiva. Parte de tal mensagem é inclusive a atenção ao sofrimento do outro, sofrimento sempre digno de ser escutado e compreendido.

Na realidade, o sofrimento é uma emoção ou um sentimento; é óbvio que quem não tem familiaridade com ele e, por conseguinte, tampouco com a própria sensibilidade, e não aprendeu a decifrar a dor que experimenta a fim de compreender suas raízes e significado subjetivo, vivendo-o diante de Deus e integrando-o, experimentará a mesma dificuldade e a mesma indiferença ou descuido em relação ao sofrimento dos outros.

---

[15] Pontifício Conselho para os Textos Legislativos, Declaração sobre a admissão à Santa Comunhão dos fiéis divorciados que contraíram novas núpcias (24 de junho de 2000), cit. In: *Amoris laetitia*, 302.

[16] Veja-se a atitude de Jesus para com os pecadores, com a adulta, em particular (cf. Jo 8,1-11); a esse respeito, cf. A. Cencini; A. Manenti, *Psicologia e Formazione. Strutture e dinamismi*, Bologna, EDB, 2018, pp. 178-180).

4.2. "Ouvi o grito de aflição de meu povo..., e tomei conhecimento de seus sofrimentos" (Ex 3,7)

Em todo caso, uma coisa é certa: quem chega para narrar a própria história de conflitos e escolhas que podem ter ultrapassado a norma, geralmente está consciente disso, sabe bem que não agiu propriamente de acordo com as regras da Igreja, talvez sinta vergonha disso e experimente certa dificuldade, e espere pelo menos um apelo ou um juízo, ou se prepare para aguentar um interrogatório, equipando-se para defender-se e suportar o confronto. Em resumo, tem certa imagem da Igreja e de seus representantes, e muito antes, de Deus. O fato de se encontrar diante de um sacerdote ou de um agente pastoral, que, em vez de passar imediatamente à avaliação moral-comportamental dos fatos, demonstra interesse e atenção sincera àquilo que a pessoa mesma sofreu (talvez inclusive por culpa sua, que fique claro), pois bem, tal acontecimento se torna algo... imprevisto, com efeito apaziguador: de fato, é um verdadeiro anúncio evangélico para tal pessoa, anúncio de um rosto de Deus provavelmente inédito em sua vida, e que agora se manifesta no rosto de quem está diante dela, em uma Igreja talvez jamais conhecida antes. Não somente é nova experiência, mas nova revelação, como uma teofania.

É o que acontece, da parte do padre, quando verdadeiramente aprende a distanciar-se de determinada interpretação do próprio papel presbiterial (frequentemente contaminado de clericalismo e moralismo) e se esforça, ao contrário, por ter os sentimentos do Filho, que se comove por Jerusalém, que não condena a adúltera, que escuta a samaritana narrar-lhe sua complicadíssima história cheia de amores (equivocados) e vazia de amor (verdadeiro), que se deixa até mesmo converter pela dor da mamãe cananeia pela filha doente,[17] que acolhe o grito doloroso de Bartimeu, enquanto as pessoas opõem-se decididamente ao seu grito e os discípulos gostariam de silenciá-lo (cf. Mc 10,46-52),[18] que revela aquele Pai que ouve o gemido de seu povo e se comove...[19]

---

[17] Parece-me bastante sugestiva, nesse caso (mesmo que o contexto seja diferente), a interpretação do monge de Bose, Goffredo Boselli, do texto da cananeia que não acolhe de bom grado a rejeição da parte do Senhor de intervir pela filha doente ("Eu fui enviado somente às ovelhas perdidas da casa de Israel", Mt 15,24). Tal mulher pagã "constringe Jesus a deter-se..., interpõe-se entre Deus, que o enviou, e os filhos de Israel, que são os destinatários. Jesus agora a tem diante de si, ajoelhada por terra, e ela obriga-o *a considerar seu rosto, a olhar uma mãe nos olhos plenos de sofrimento* verdadeiro a suplicar-lhe: 'Ajuda-me!'. Aí está o elementar da vida que se embate com a doutrina religiosa: uma mãe pede ajuda para sua filha doente". Tal mulher não contesta a afirmação de Jesus Messias de Israel, mas replica com aquela paixão que vem da dor de uma mãe pela filha: "É verdade, Senhor, mas...". Fr. Goffredo comenta ainda: "A mulher cananeia e sua dor de mãe são este 'mas' feito pessoa. Um 'mas' que cabe sempre a nós reconhecer e declinar em todas aquelas situações nas quais a doutrina cristã vai de encontro à dor autêntica das pessoas. Aquelas situações nas quais o elementar da vida parece contradizer o que se considera ser a vontade de Deus. Toda doutrina religiosa e todo sistema de pensamento devem saber deter-se diante do sofrimento humano, da realidade da vida e de sua dramaticidade. Em qualquer lugar em que o Evangelho for pregado, recordar-se-á esta mãe cananeia, para todos uma lembrança de que também toda doutrina cristã tem seu 'mas'" (Fr. Goffredo Boselli, *Commento alla liturgia del giorno [Mt 15,21-28]*, Mosteiro de Bose, 10 de julho de 2018, sublinhado meu).

[18] É terrível pensar que, diante de Deus, o sofrimento esteja fora de lugar, ou que a dor possa perturbar e que, portanto, deva ser silenciada.

[19] Nesse sentido, pensando nos escândalos sexuais por parte de homens de Igreja, que tristeza pensar em uma Igreja, como era no passado, mais preocupada em proteger a boa estima de seus padres (e,

Quando isso acontece, é como se o diálogo já tivesse alcançado um duplo objetivo. O primeiro, no nível humano, é um objetivo terapêutico: no instante em que quem sofre encontra alguém que não foge à sua dor, não tem medo dela, mas deixa-se tocar por ela, e ele mesmo a toca piedosamente, naquele momento acontece determinada cura ou, pelo menos, começa certo processo terapêutico que revigora a pessoa e lhe permite não se envergonhar de si e da própria dor.[20] O segundo objetivo é mais fundamental e pastoral, e parece ir além daquele que era o motivo oficial inicial desse tipo de encontros, ou seja, a tentativa de esclarecer a posição moral e canônica da pessoa em crise conjugal, com todas as implicações atinentes ao acesso aos sacramentos etc. Tal motivação é, de algum modo, superada, a essa altura, visto que o encontro termina por tornar-se verdadeira evangelização, anúncio do coração do Eterno, descoberta surpreendente de sua ternura. Para aquelas pessoas que perderam de vista o primeiro anúncio, tal experiência com um padre rico dessa sensibilidade atenta à dor poderia tornar-se um tipo de segundo anúncio![21]

---

em última análise, de si mesma) do que compreender o sofrimento das (suas) vítimas (às quais se pedia apressadamente perdoar e silenciar, esquecer e apagar tudo!). Quanto Evangelho existe em uma Igreja assim?

[20] A respeito dessa solidariedade na dor, H. Nouwen oferece sugestões muito comoventes em *Viaggio spirituale per l'uomo contemporaneo. I tre movimenti della vita spirituale*, Brescia, Queriniana, 2016, pp. 54-55.

[21] Cf. parágrafo 1.2 deste capítulo.

5. Sensibilidade espiritual:
"Deus chamou o homem: "'Onde estás?'" (Gn 3,9)

Os encontros com casais irregulares e, de maneira mais geral, a pastoral dos divorciados, separados etc., muitas vezes são catalogados não como pastoral ordinária, mas extraordinária, inclusive porque exigem uma competência notável em vários planos, desde o psicológico ao jurídico, e nem todos possuem preparação adequada. Aliás, talvez nem sequer façam questão de atuar nesse setor específico, relegado frequentemente apenas a alguns. Tudo isso, ou a exigência de atenção e habilitação específica, é, certamente, verdadeiro, mas não deve levar a esquecer em momento algum a operação em andamento, que nos encontramos em um contexto explícita ou implicitamente crente, que tudo isso, portanto, faz parte de um caminho de fé, onde a primeira "competência" exigida de quem acompanha o caminho cansativo de outra pessoa é justamente a maturidade da fé e da experiência de Deus. Ou o que poderíamos chamar de "sensibilidade espiritual".

5.1. Deus em busca do homem

O discernimento começa mal, com o pé errado, quando o objetivo explicitamente compreendido consiste em descobrir o que alguém deve fazer. A meta primária do discernir, de fato, como bem sabemos, não é tanto aquilo que o homem é chamado a escolher, mas *aquilo que Deus está fazendo em sua vida*. Também na vida de quem está vivendo uma situação dolorosa e complexa, atravessada por transgressões e comportamentos inadequados.

Certamente não é espontâneo para quem se encontra tendo que encarar a própria vida e se vê diante dos próprios erros, com sentimentos de culpa mais ou menos grandes, pensar na presença de Deus dentro daquela história e muito menos dentro daqueles mesmos erros. Para nós, é mais fácil e natural considerar a presença do divino como um tipo de prêmio para os bons, ou como algo, em todo caso, que pode habitar e tornar-se visível somente em um espaço limpo e incorrupto. Assim fomos acostumados a pensar, apesar de, desde os começos da história da humanidade, Deus não fazer outra coisa senão buscar em toda parte o homem que foge dele.

Eis por que esses encontros podem-se transformar em etapas de um caminho de fé, e de fé nova, livre daqueles preconceitos, e tipicamente evangélica. Graças à maturidade de fé de quem acompanha, que deveria ter feito em primeira pessoa a experiência dessa presença de Deus na fraqueza da própria história, e deveria, portanto, acompanhar o outro ao longo da mesma experiência, que, depois, constitui a verdadeira riqueza de um crente. Como diz o Papa Francisco: "Tenho uma certeza dogmática: Deus está na vida de cada pessoa, Deus está na vida de cada um. Mesmo que a vida de uma pessoa tenha sido um desastre, se foi destruída pelos vícios, pela droga ou por qualquer outra coisa, Deus está em sua vida. Ele pode e deve ser buscado em cada vida humana. Inclusive se a vida de uma pessoa é um terreno cheio de espinhos e ervas daninhas, há sempre um espaço em que a boa semente pode crescer. É preciso confiar em Deus".[22]

---

[22] A. Spadaro, Intervista a papa Francesco, *La Civiltà Cattolica*, III-3918 (2013), p. 470.

A presença de Deus em nós não se faz reconhecer somente em uma vida perfeita e convertida, mas se serve inclusive daquela imperfeita e ainda não convertida; habita e fala nela. Por isso, Deus não somente vem ao nosso encontro onde nos encontramos e onde fomos parar culposamente, mas está vivo e atuante também em uma existência plasmada pelo sujeito de modo desordenado, faz-se ouvir mediante certa dificuldade interior, por exemplo, ou na dor por um malogro relacional, ou com a sensação de um desejo não satisfeito, ou impedindo que aconteça o pior, ou insinuando no indivíduo a suspeita de que haja alguma coisa diferente e mais bonita do que aquilo que ele está fazendo, buscando, pensando, suportando. Poderíamos dizer que Deus usa aquilo que encontra no homem, e que o homem mesmo determinou com suas próprias escolhas, mas deixando ali traços de si, sendo que ainda cabe ao homem decifrá-los.

Normalmente isso surpreende e abala quem vem contar seus próprios problemas e, justamente por isso, como dizíamos no tópico anterior, predispõe-se já a sofrer um juízo não positivo ou espera uma repreensão, ou se prepara para defender-se e contra-atacar. Mas aqui, de um lado, não há nenhum contraditório a ser sustentado a fim de fazer valer as próprias razões, por outro lado, agora a pessoa já não se encontra sozinha diante de um seu semelhante que manifesta empatia e solidariedade para com sua dor, mas surpreendentemente convida a reconhecer a presença e a ação de Deus, que não a abandonou naquela sua história tortuosa, que não se esqueceu dela nem mesmo quando ela se esqueceu dele, mas a protegeu e guardou sem que ela se desse conta disso ou o tivesse pedido. E tudo isso de modo que somente a pessoa mesma pode descobrir, relendo com olho totalmente diferente a própria história, ou, não mais do ponto de vista do que ela fez, com consequente sentimento de culpa em relação a si e de raiva em relação aos outros, mas do ponto de vista de Deus, de seus passos em direção a ela, com a confiança que daí resulta.

Tudo isso determina como uma inversão-eversão de posições e de atitude pessoal decisivas para um discernimento final: da atitude negativa em relação a si mesmo, de quem está mais ou menos consciente dos próprios erros, ou teme-os ou não quer descobri-los, ao convite positivo a discernir a ternura do Eterno dentro da própria história e dentro daqueles mesmos erros. Não é, talvez, sinal de fé adulta aprender a reconhecer Deus inclusive em nossas fraquezas e fragilidades, e o espiritual em nossas dissonâncias psicológicas? Passando, portanto, de um Deus conhecido por ouvir dizer a um Deus visto e reconhecido dentro da própria vida; de uma imagem de Deus totalmente espiritual e abstrata a uma imagem dele vizinha e concreta como nunca, feita de carne na própria carne; de um Deus obtido... como prêmio, graças aos próprios méritos, a um Deus escandalosamente gratuito; de uma fé especulativa e anistórica a uma fé profundamente encarnada na história humana. Que, a esta altura, torna-se lugar da própria história sagrada. Que maravilha!

5.2. *O homem em busca de Deus*

Que Deus busque o homem... depende de Deus e é, em todo caso, verdade constantemente repetida pelos textos bíblicos e pela reflexão teológica, mas também pela tradição espiritual e pelo testemunho dos santos; mas que inclusive o homem se ponha à busca de Deus ou esteja em perene estado de busca de Deus, isso depende do homem, e parece menos evidente não somente ao homem comum, mas talvez até mesmo ao crente. Pelo menos o parece à pessoa que teve um passado difícil, a cuja atenção, no máximo, saltam com mais evidência os próprios erros. No entanto, o homem não pode deixar de buscar a Deus, não pode abster-se disso, mesmo que não o saiba. E torna evidente essa tensão entre abertura ao transcendente e gratificação puramente impulsiva, em muitos modos também contrapostos: com luzes inesperadas ou inquietudes,[23] intuições ou insatisfações, expectativas ou pretensões que talvez possam tornar-se conflituosas...[24] E que encontram a última explicação no fato de que "o homem, feito para o infinito, está infinitamente insatisfeito".[25]

Essa é a razão pela qual a sensibilidade espiritual do acompanhador pode e deve provocar o outro a olhar a própria vida também do ponto de vista de tudo o que ele fez para responder a essa tensão mais ou menos incônscia (que, no fundo, é uma busca de amor que responde à de Deus em direção a ele).

---

[23] Basta pensar naquela de Agostinho (cf. *Confissões*, 1,1)!

[24] Pode ser uma sensação de ciúme, que sabemos estar na origem de sabe-se lá quantos conflitos relacionais ou rupturas conjugais: o ciúme é a expressão anormal de uma profunda verdade do coração humano, o qual deseja um amor grande, sem limites nem confins, para sempre e tão firme que ninguém lho poderá subtrair. Ou seja, o ciúme revela o mistério do coração humano.

[25] S. Fausti, *Occasione o tentazione? Arte di discernere e decidere*, Milano, Anora, 1997, p. 25.

Temos um exemplo desse encontro no diálogo de Jesus com a samaritana junto ao poço (cf. Jo 4,5-30). Essa mulher, que a cada dia vai tirar cansativamente água (e parece contentar-se em aplacar a sede fisiológica sem cansaço) e que estabeleceu um tipo de recorde de coleção de maridos (5+1, situação *literalmente* irregular), não está expressando essa busca verdadeiramente insaciável? Buscar o amor não é também buscar sempre a Deus? Inclusive quando a pessoa está muito longe de pensar assim, ou sua busca toma caminhos equivocados, ou é contradita pelo próprio agir incoerente ou cria frustração...

Mas como muda a leitura da vida e quanto se enriquece o conhecimento de si quando iluminado por essa descoberta![26]

---

[26] Todo o colóquio de Jesus com essa mulher é uma proposta pedagógica iluminadora para nós. O Mestre, acima de tudo, busca tal mulher, e a encontra enquanto ela mesma procura algo importante para sua vida; fá-la compreender o que verdadeiramente está buscando, além da água necessária para viver, e fá-la desejar isso ("Dá-me dessa água", v. 15); não lhe repreende o passado transgressivo, mas, quando muito, faz-lhe observar duas coisas: seu não saber (que a leva a adorar o que não conhece, cf. v. 22) e seu iludir-se de poder saciar aquela sede de modo superficial (multiplicando os maridos), sem lhe reconhecer a raiz profunda. Condu-la, assim, a admitir a verdade, uma verdade dolorosa ("Não tenho marido", v. 16) e, ao mesmo tempo, a começar um caminho rumo "à" Verdade que está diante dela, deixando a bilha (v. 28), como se quase já não tivesse determinada sede, enquanto deseja intensamente partilhar com outros a experiência de outra sede apaziguada. É significativo que essa mulher diga a seus concidadãos que encontrou "um homem que me disse tudo o que fiz" (v. 29), como se dissesse: esse encontro revelou-me a mim mesma, esse homem me disse o que eu não sabia a respeito de mim mesma. Assim comenta Francisco esse diálogo: Jesus "dirigiu uma palavra ao seu desejo de amor verdadeiro, para a libertar de tudo o que obscurecia a sua vida e guiá-la para a alegria plena do Evangelho" (*Amoris laetitia*, 294).

Não é que, desse modo, desapareça a consciência da responsabilidade moral, ao contrário; talvez antes, nasce ou renasce uma fé nova e verdadeira, em um Deus que, somente ele, pode mitigar a sede infinita de amor do homem (enquanto o pecado é reconhecido justamente no não ter acreditado em tal amor).

O colóquio de acompanhamento, nascido para identificar precisamente a situação jurídico-moral do casal irregular (sua culpa!), torna-se sempre mais acontecimento de evangelização, anúncio do rosto do Pai!

6. Sensibilidade compassiva: "Quando Jesus a viu chorar, comoveu-se interiormente... e teve lágrimas" (Jo 11,33-35)

Nós, cristãos, acreditamos em um Deus que tem sua sensibilidade própria, que escuta o gemido e se comove, e chega até mesmo a sofrer por e com sua criatura.

Creio que isso, tal sofrimento e capacidade de sofrimento, representa verdadeiramente o vértice, o ponto de chegada do caminho de formação de quem é chamado a anunciar o rosto desse Deus até o ponto de, como na vida do presbítero, ter seus mesmos sentimentos. É a *teopatia*, a capacidade e a liberdade de amar e sofrer como Deus, à sua maneira, como Jesus a manifestou em sua vida terrena.

Mas o que isso quer dizer para quem acompanha um caminho de discernimento?

6.1. *Coração livre, ou seja, hospitaleiro*

Quer dizer não somente dar com generosidade o próprio tempo para escutar, talvez com empatia e colocando o outro no centro da atenção, suspendendo o próprio juízo e buscando o máximo possível transmitir interesse e benevolência sinceros, nem tampouco somente convidando a perceber na própria história atormentada a ação do Deus que busca o homem e se deixa buscar por ele, mas significa ter *um coração tão livre (virgem) a ponto de poder hospedar-acolher pelo menos um pouco da dor do outro, chegando a sofrer com ele e por ele.*

Muitas vezes, o que acontece em nossas relações de ajuda? Acontece que o colóquio seja perfeitamente interpretado e gerido, com as atenções que indicamos, no plano psicopedagógico e pastoral, acolhendo e consolando quem se encontra em dificuldade. Mas, depois, acabado o colóquio, a pessoa vai-se embora e nós voltamos ao nosso trabalho, superocupados como estamos (e é verdade), para passar a escutar alguém mais. E da pessoa, de seu problema e de seu sofrimento certamente resta a lembrança dentro de nós, talvez com certa pena, mas que não turba nem disturba a nossa vida e o nosso humor. Como se o acontecimento se tivesse concluído tal como começou, sem deixar traços particulares em nosso coração e em nossa sensibilidade.

Mas, então, aquilo foi e é verdadeira escuta? Pode ser considerada autêntica aquela acolhida que, formalmente expressa no plano da atitude, não permite, em seguida, acolher a realidade mais importante e central naquele momento da vida do outro, ou seja, seu sofrimento?

Nesses casos, depois de ter escutado, falado, sentido dramas e talvez desespero, depois de haver entrado no mistério da dor humana, talvez determinado inclusive pela própria pessoa, ou depois de ter acolhido o grito de impotência e de ajuda..., há um teste muito simples a que poderíamos submeter-nos: estou sofrendo por essa pessoa? Sinto-me mal por ela e com ela? Ou nada mudou em mim e em meu estado de ânimo, não experimento nada de novo?

Se quero verificar se escutei verdadeiramente com o coração do Senhor, com seus sentimentos, e se estou aprendendo a exprimir a paixão de Deus por seu povo, não há sinal melhor e mais claro do que este: o fato de que eu ainda sofra. O que significa que permiti que aquela pessoa depositasse pelo menos um pouco de seu sofrimento em meu coração, de tal modo que agora percebo pelo menos um pouco dessa dor e me sinto mal. Se não existe essa dor com-passiva, então não escutei a dor ou, pelo menos, não a escutei a ponto de permitir-lhe entrar em meu coração, não me deixei tocar pelo sofrimento... Consequentemente, nem sequer aprendi algo a respeito da dor de quem se confidenciou comigo; talvez eu tenha escutado, sim, mas quase me defendendo daquela dor a que meu coração não abriu as portas. Foi verdadeira escuta?

Aqui, a ninguém é lícito trapacear: ou a pessoa amadureceu dentro de si certa sensibilidade que lhe permite *com-padacer-se* realmente, ou não deu grande atenção ao caminho formativo do próprio mundo interior e não se colocará sequer o problema da compaixão assim entendida, ou espiritualizará tudo, ou se defenderá – em nome da prudência e do realismo –, dizendo que, de jeito nenhum, não pode carregar sobre si os problemas de todos aqueles que vêm desabafar com ela, estaria frito!, perderia a saúde física e psíquica.

Mas, então, o que quer dizer e para que serve ser pastor, e sê-lo segundo o coração do Bom Pastor?

6.2. Pequeno grande milagre

Na realidade, que um ser humano possa chegar a esse ponto, a experimentar dentro de si a dor por outra pessoa, quase como se a dor desta última se deslocasse, ao menos parcialmente, para o próprio coração, é algo extraordinário. Ainda mais extraordinário se esse outro não pertence ao âmbito dos próprios familiares e amigos, mas é pessoa conhecida somente naquela situação difícil, "conhecida" na dor, encontrada naquele ponto extremo de sua humanidade no qual a pessoa percebe a própria fragilidade e impotência, ou tem a sensação de ruptura ou de insucesso, e sente-se sozinha, sozinha com seu sofrimento. Talvez não haja nada tão elevado e sublime no ser humano do que quando alguém se coloca ao lado dessa solidão.

E não é exagero dizer que se trata de um milagre, pequeno e grande. É pequeno porque acontece no segredo do próprio coração e dos próprios sentimentos. É grande porque torna o homem semelhante a Deus, semelhante a Deus justamente no coração.

E o outro percebe o milagre. Pelo menos implicitamente, visto que se vai embora aliviado: deixou um pouco da própria dor no coração de quem o escutou.

Poderíamos dizer que tal atitude deveria caracterizar todo encontro do padre, mas também de todo agente pastoral com a dor de sua gente. Com maior razão é uma regra ou um critério fundamental para esse tipo de encontros: só é possível acompanhar em um discernimento veraz se o coração estiver, assim, livre de toda autorreferência, mais ou menos clerical, ser capaz de partilhar a dor do outro! Porque o sacerdote não é somente consolador, em nome de Deus ou de sua eventual competência, muito menos o tabelião que verifica a posição do outro, extraindo-lhe as consequências no plano da imputabilidade moral, mas é aquele que é chamado a participar daquela dor, a acolhê-la em si, como o Filho que se encarnou na dor do homem, aquele que se fez "em tudo semelhante aos irmãos, para se tornar um sumo sacerdote misericordioso", e que justamente porque "tendo ele próprio sofrido... é capaz de socorrer os que agora sofrem a tentação" (Hb 2,17-18).

6.3. A autoridade da e na compaixão

É tanto mais interessante observar no Evangelho como as pessoas comuns julgavam Jesus, confrontando-o com outras personagens públicas. Em Marcos, diz-se que "todos ficaram admirados com seu ensinamento, pois ele os ensinava como quem tem autoridade, não como os escribas" (Mc 1,22). Agrada-me pensar que a referência das pessoas simples e sem cultura, como eram os ouvintes costumeiros do Mestre, bem como o critério de diferença, adotado pelas pessoas em relação aos escribas, não podia ser o nível cultural ou a capacidade argumentativa, mas algo diferente, mais ligado à vida ordinária e à qualidade da relação estabelecida por Jesus com quem recorria a ele. E o que era esse "algo diferente" senão a capacidade de compaixão que as pessoas percebiam imediatamente? O Mestre compreendia, acolhia, intuía o sofrimento do coração, perturbava-se com ele e dele participava intensamente..., revelando os traços daquele Pai Deus que em toda a história de Israel se manifestara como o Deus que toma parte na história de seu povo, e sofre com ele.

Ao contrário dos escribas, que, no máximo, tinham poder e a quem não importava nada o sofrimento da viúva e do órfão, o pranto dos pobres e o desespero de quem está sozinho, o sofrimento do leproso e do paralítico... Quando muito, aborrecia-os que viessem fazer-se curar em dia de sábado (cf. Lc 13,14)!

Por essa razão, as pessoas reconheciam a autoridade do Mestre, e o Mestre como pessoa credível, e estavam dispostas a acolher sua palavra porque ele havia anteriormente acolhido sua dor.

É um ensinamento importante para nós, hoje: esta é, com efeito, a fonte sadia da única e verdadeira autoridade do discípulo de Cristo, a autoridade da compaixão e na compaixão. Somente um presbítero compassivo é crível e pode acompanhar no discernimento da verdade.

7. Sensibilidade pedagógico-educativa: "Discerni o que agrada ao Senhor" (Ef 5,10)

Tudo o que foi visto até agora é um pouco a premissa indispensável para começar a entrever com maior clareza os termos da questão, tanto da parte do guia quanto de quem é acompanhado: de um lado, a ação de Deus; do outro, a do homem; de um lado, o passado; do outro, o presente aberto

ao futuro; ou o tu (o marido ou o novo cônjuge, os filhos...)
e o eu; a lei e o amor; os erros e a vontade de não repeti-los;
o sentimento de culpa e a consciência do pecado; a comunidade eclesial e o desejo de fazer parte dela; a velha imagem
de Deus e a nova (talvez descoberta ou redescoberta nesses
encontros...).

Estas são algumas das várias polaridades dentro das
quais se move o discernimento, as quais devem não somente ser integradas ou vistas em uma lógica o máximo possível unitária e de composição das partes, mas que deveriam
inspirar o próprio discernimento, para que seja segundo a
verdade.

7.1. Aqui e agora, diante de Deus

A primeira característica do discernimento é sua adesão à realidade, ao *hic et nunc*, ao que a pessoa está vivendo.
Quem discerne não visa à perfeição, ao que absolutamente
representa o ponto mais elevado ou a conduta mais perfeita do agir humano e crente, mas ao que, nesse momento
de sua vida, o ser humano em questão pode realizar para
responder à ação da graça. O que vem em primeiro lugar,
repetimo-lo, e que deveria ser antes de mais nada descoberto e reconhecido, é, portanto, sempre o agir divino e o
que o Pai está realizando nesse momento da vida do crente,
como o oleiro de Jeremias, que tenta uma e outra vez plas-
mar o vaso segundo seu projeto, prosseguindo ao longo de
uma linha de adesão progressiva àquele projeto. Visto que
o vaso não é imediatamente perfeito, assim, quem discerne
(o guia e sempre mais a pessoa guiada) tem a humildade e
a sabedoria de compreender o que naquele exato momento

Os passos do discernimento

lhe permite acolher a ação do Deus-ceramista para aquele passo a ser dado, aquele perdão a ser oferecido, aquela relação a ser restabelecida, aquele estilo a ser abandonado, aquele egoísmo a ser convertido, aquela contradição que não deve ser repetida...

Tudo isso não constitui ainda a solução do problema, é algo pequeno, talvez, e imperfeito, e a pessoa percebe-o, mas é o seu modo "aqui e agora" de responder ao apelo que lhe vem do alto ou a um convite a mudar; é seu modo de estar no presente, disponível a um desígnio que a supera e que intui superior às suas forças. Mas sem desesperar de poder alcançá-lo. O que decide fazer (e ser) se coloca naquela linha, é um passo que vai naquela direção, dá-se em uma perspectiva propositiva e de tensão rumo a um objetivo de crescimento do homem e do crente, a ser realizado dia após dia, com paciência e determinação, com confiança e certeza de poder encontrar o próprio lugar.[27]

É justamente a esse tipo de sensibilidade que a pessoa deve ser educada, provocando-a – por sua vez – a aproveitar ela mesma aqueles gestos graduais e progressivos de penitência e de conversão, ou as etapas de um caminho salutar de busca e de fé, que pode assumir, em determinados casos, as formas de um verdadeiro catecumenato ou, em todo caso, de uma assunção adulta do ato de fé, e talvez, a entrever possibilidades diversas, progressivas e correspondentes, de integração na comunidade.

Amoris laetitia exprime tal sensibilidade de modo magistral: "Um pequeno passo, no meio de grandes limitações

---

[27] Cf. *Amoris laetitia*, 303.

humanas, pode ser mais agradável a Deus do que a vida externamente correta de quem transcorre os seus dias sem enfrentar sérias dificuldades".[28]

7.2. Por uma consciência a ser formada, não substituída[29]

Há quem perceba em tudo isso o perigo de um declínio doutrinal ou sinta odor de relativismo, com o que se chegaria a justificar tudo, sem, na realidade, mudar nada ou para contentar-se com muito pouco. O risco não é impossível, visto que faz parte de todas as ações que o homem realiza na liberdade. O discernimento é uma dessas ações, aliás, talvez a mais arriscada, já o enfatizamos, que tem como meta a descoberta do que é agradável a Deus.

Mas justamente por isso, começamos nossa análise sobre o discernimento com uma reflexão conjugada com o que vem antes dele ou com seu verdadeiro sujeito (e objeto), que é a sensibilidade,[30] e apresentamos o discernimento não como um processo psicológico para tomar decisões, para limitar o máximo o risco do erro, mas como aquele longo e constante trabalho de atenção àquele mundo interior, complexo e riquíssimo, que é, justamente, a sensibilidade, para que seja educada e formada não somente a escolher, mas muito antes, a libertar-se do que não está em sintonia com a identidade-verdade da pessoa, e a sentir o gosto e a experimentar atração pelos desejos de Deus; para

---

[28] Ibid., 305.

[29] Ibid., 37.

[30] Cf. A. Cencini, *Dall'aurora io ti cerco. Evangelizzare la sensibilità per imparare a discernere*, Cinisello Balsamo, San Paolo, 2018.

que seja formada não somente a obedecer a uma lei, mas a captar a beleza do Evangelho, das bem-aventuranças, da Palavra; não somente a executar ordens como soldadinhos obedientes, mas a experimentar a alegria de ser filha/o de um Pai como Deus!

E se há um risco, hoje, parece-me principalmente o de perder progressivamente essa liberdade que Deus nos deu, liberdade adulta de quem escolhe de modo pessoal e responsável, sem delegar a outros ou copiar de outros; de quem escolhe não por convenção, mas por convicção; não por temor, mas por amor, porque seus sentidos, sensações, emoções, sentimentos, gostos, afetos... foram evangelizados, aprenderam a amar o que é verdadeiro, belo e bom. A liberdade cristã não é, talvez, paradoxalmente, a de quem é livre para depender do que ou de quem ele ama e que é chamado a amar?

Este é, portanto, o verdadeiro problema: a consciência ou a sensibilidade a ser formada, em suas várias expressões: estética, intelectual, moral, penitencial, crente, orante, pastoral, relacional, espiritual, compassiva... Para ter precisamente a mesma sensibilidade de Deus!

Esse é o motivo pelo qual é indispensável o caminho de acompanhamento pessoal de quem se encontra em uma situação de crise relacional, ou conjugal-familiar. Aquele percurso que não visa primariamente à admissão aos sacramentos, como um prêmio a ser merecido ou um veredicto ligado a normas e cânones, mas ao crescimento mais geral do crente, naquelas sensibilidades indicadas neste capítulo, e, particularmente, naquela sensibilidade crente que torna a vida uma contínua experiência do amor eterno, inclusive quando o homem dele se distanciou.

Quando o caminho faz crescer a fé que descobre o amor, não há nenhum risco a temer ou a suspeitar, porque, naquele momento, é a própria pessoa que toma consciência como jamais dantes da gravidade de suas incoerências, ou que passa do sentimento de culpa à consciência de pecado, e torna-se também rigorosa consigo mesma, e compreende a importância do caminho penitencial, com suas etapas e suas exigências, para experimentar sempre e de novo a misericórdia do Eterno.

Via de regra, quem realiza esse itinerário não vai em busca de soluções cômodas e rápidas; com outras palavras, quem também apenas percebeu ou tocou levemente a ternura do Pai misericordioso, não é demasiado... brando consigo mesmo e superficial; ao contrário, sofre com o próprio erro e abraça um sério caminho penitencial. Assim como não há por que temer que não tenha uma atitude inflexível quem começou a saborear o excesso da graça que plenifica a vida e perdoa.

Sem generalizar indevida ou mesquinhamente, poderíamos, quando muito, chegar a dizer (ou a... suspeitar) que quem suspeita é, talvez, ele próprio, suspeitável. E não é jogo de palavras. Quem pensa que esse modo de acompanhar tal caminho um pouco complexo para ajudar a discernir seja um modo de justificar, no final, escolhas subjetivas cômodas e preguiçosas, e de atenuar a doutrina objetiva, provavelmente este não conhece muito bem aquela estrada ao longo da qual se forma a consciência, e uma consciência que tem a coragem de discernir.

Bem-aventurado, ao contrário, quem é conduzido nesse caminho por um/uma irmão/irmã maior que conhece

OS PASSOS DO DISCERNIMENTO

bem, por experiência pessoal, aquela estrada ao longo da qual se formou a própria consciência-sensibilidade. Uma vez que será beneficamente contagiado por ela!

7.3. Do mal menor ao bem possível

No passado, certa lógica (não sei quanto teo-lógica), em situações complexas, sem saídas aparentes no plano moral, afirmava e recomendava a teoria do assim chamado "mal menor", dando por evidente, portanto, a impossibilidade de o sujeito alcançar ou produzir, com as próprias ações, certo bem – por mínimo que fosse – ou de fazer uma escolha positiva pelo menos em alguns aspectos. Certamente não era e não é perspectiva particularmente encorajadora! Totalmente diferente é a perspectiva indicada em *Amoris laetitia*, no n. 308: "Todavia, da nossa consciência do peso das circunstâncias atenuantes – psicológicas, históricas e mesmo biológicas – conclui-se que, 'sem diminuir o valor do ideal evangélico, é preciso acompanhar, com misericórdia e paciência, as possíveis etapas de crescimento das pessoas, que se vão construindo dia após dia', dando lugar à 'misericórdia do Senhor que nos incentiva a praticar o *bem possível*'".[31] "Compreendo", continua o Papa Francisco, "aqueles que preferem uma pastoral mais rígida, que não dê lugar a confusão alguma; mas creio sinceramente que Jesus Cristo quer uma Igreja atenta ao bem que o Espírito derrama no meio da fragilidade: uma Mãe que, ao mesmo tempo que expressa claramente a sua doutrina objetiva,

---

[31] *Evangelii gaudio*, 44, sublinhado meu.

'não renuncia ao bem possível, ainda que corra o risco de sujar-se com a lama da estrada'".[32]

Parece-me que estamos diante não só de um modo diferente de exprimir-se, já bastante apreciável porque imediatamente claro e significativo (o bem em lugar do mal), e tampouco somente diante de uma lógica valorativa diferente no plano moral, embora mais encorajadora. O Papa Francisco mostra aqui verdadeiramente uma alta consciência humana e crente, ou – em nossos termos – uma profunda sensibilidade psicológica e espiritual. Foi dito que "a fineza de *Amoris laetitia* está em haver transformado o princípio do *mal menor* no princípio do *bem possível*".[33] Parece-me uma afirmação acertada. É precisamente uma questão de fineza, de grande capacidade de compreender a alma humana e, mais ainda, o estilo do agir de Deus, aquele estilo que nos educa "à paciência de Deus e a seus tempos, que não são os nossos".[34]

Mais concretamente, aqui estão algumas diferenças entre as duas perspectivas: a do mal menor tende a limitar os danos e, portanto, inibe e bloqueia; a do bem possível faz você perceber o bem que já você vive e o que se encontra à sua frente e chama-o; a lógica do mal menor lhe recorda seu limite e seu pecado, terminando por deprimi-lo e

---

[32] Ibid., 45, citado in: *Amoris laetitia*, 308.

[33] E. Biemmi, Nella luce della pastoralità, *Testimoni*, 4 (2017), p. 44.

[34] Mensagem do Papa Francisco para o XXVI Encontro Ecumênico de Espiritualidade Ortodoxa, organizado pela comunidade de Bose sobre "Discernimento e vida cristão" (5-8 de setembro de 2018). A respeito da "lei da gradação" (que não é uma "gradação da lei"), cf. *Amoris laetitia*, 295, e João Paulo II, *Familiaris consortio*, 34.

Os passos do discernimento

desencorajá-lo; a lógica do bem possível lhe dá asas, convidando-o a caminhar rumo a um bem sempre maior, o bem historicamente possível para você, segundo a graça de Deus; limitar-se a não cometer (grandes) pecados indica um nível elementar e infantil de consciência; buscar descobrir o bem que alguém pode fazer é sinal de consciência moral adulta e responsável; a primeira perspectiva é autorreferencial e, no final, faz a pessoa retrair-se; a segunda abre à escuta de Deus, afina o ouvido à sua inspiração. Quem vive limitando os danos tem uma imagem de Deus que incute medo e julga; quem se sente chamado a fazer o bem se sente amado por aquele Deus que quer seu bem, sua felicidade. "A perspectiva do bem possível cria o efeito de ser magnetizados pelo que atrai, e não sorvidos pelo mal que paralisa. É a atração do bem que motiva, qualquer que seja a situação em que alguém se encontra."[35]

Tal atração tem um nome: é o Espírito Santo, a sensibilidade de Deus!

---

[35] E. Biemmi, Nella luce della pastoralità, *Testimoni*, 4 (2017), p. 44.

Conclusão

O discernimento dos passos

O título deste livro – *Os passos do discernimento* – faz referência a uma imagem clássica, até mesmo um pouco previsível, aquela dos passos e da vida como um andar solenemente. É como uma metáfora do discernimento entendido como processo e dinamismo, como caminho constante, visto que o discernimento, como dissemos, é o modo normal de crescer na fé do crente normal. A cada passo da vida, idealmente, há um discernimento a ser feito. E, ao mesmo tempo, cada discernimento é feito de vários passos, que tentamos descrever nas páginas precedentes, entendendo esses passos como diversas sensibilidades.

Agora, ao término desta reflexão, retomemos a mesma imagem, invertendo-a de algum modo: *o discernimento dos passos*. Para dizer algo mais evidente do nunca, se pensarmos no dinamismo material e natural do caminhar solenemente, à sua postura, caracterizado por uma contínua superação de um passo a outro. Caminhamos à medida que damos passos, ou seja, à medida que alternamos o movimento da perna direita com o da esquerda em uma constante superação de uma pela outra. É uma espécie de dinamismo incessante... pedestre, se me posso expressar assim, que em sua aparente banalidade parece, no entanto, ocultar ou permite-nos reconhecer a natureza fundamental do discernimento como processo (auto)transcendente que nos provoca constantemente a mover-nos e a não nos determos, a buscar na realidade algo novo e a alargar os espaços habitados, a reconhecer alguém que nos espera e nos chama, e que está sempre um pouco além do ponto em que nos encontramos, a não pensar que já chegamos e a não nos contentar com as posições alcançadas, a abrir-nos ao mistério e ao transcendente, a tentar caminhos novos e inéditos, talvez arriscados e incertos... Nesse sentido, o discernir é muitíssimo provocante e também inquietante, mantém-nos despertos e atentos, torna a vida sempre nova e surpreendente, pede-nos sentidos vigilantes e uma sensibilidade *docibilis* ["que pode ser ensinada"], em contínuo estado de formação.

O caminhar, em conclusão, faz-nos discernir, assim como o discernir nos provoca a caminhar.

Ao mesmo tempo, a imagem pedestre permite-nos também entrever uma regra do discernimento que parece ditada por aquele bom senso que admoesta a não dar o passo maior do que a perna, isto é, compreender, no momento, qual é a decisão mais acertada, quanto agora é mais agradável ao meu Deus, aquilo que na situação que estou vivendo me permite viver segundo minha verdade, beleza e bondade. Sem presumir alcançar a perfeição ou compreender e realizar imediatamente toda a verdade. Nesse sentido, o discernimento é o ritmo da vida, ou o passo cadenciado e regular de quem encontrou sua medida, e continua seu caminho sem deter-se jamais. Como quem vai à montanha e resiste melhor ao cansaço porque mantém sempre o mesmo modo de andar. Aliás, o discernimento é, muitas vezes, um caminho justamente a uma (alta) montanha, inclusive bastante cansativo. É necessário, então, ter um bom guia, que conheça o caminho e de passo firme, não apressado, nem improvisado.

A arte do discernimento reúne tudo isso: a tensão sadia rumo à superação de nós mesmos e a sabedoria do coração que nos permite reconhecer a graça do momento; os nossos passos incertos e os passos do Senhor que nos vem ao encontro a cada instante; a experiência de ser acompanhados e o serviço de acompanhar outros também na viagem santa.

Bem-aventurado quem busca o Senhor com todo o coração (cf. Sl 119,2) e segue seus caminhos (cf. Sl 128,1). Aliás, "bem-aventurado o homem que tem tuas vias em seu coração, Senhor" (Sl 84,6), este "corre pelo caminho dos teus mandamentos" (Sl 119,32)!

Mas bem-aventurado, particularmente, quem pode fazer-se companheiro de viagem daquele que não conhece o caminho. E bem-aventurado quem encontrou tal companheiro!

Rua Dona Inácia Uchoa, 62
04110-020 – São Paulo – SP (Brasil)
Tel.: (11) 2125-3500
paulinas.com.br – editora@paulinas.com.br
Telemarketing e SAC: 0800-7010081